ADN
cósmico

MIA ASTRAL

ADN cósmico

Una guía para conectar con otros
y encontrar tu misión de vida en el camino

Planeta

Obra editada en colaboración con Editorial Planeta – Colombia

Diseño de la cubierta: Paula Vargas Salazar
Departamento de diseño Grupo Planeta

© 2019, Mia Astral

© 2019, Editorial Planeta Colombiana S.A.- Bogotá, Colombia

Derechos reservados

© 2020, Editorial Planeta Mexicana, S.A. de C.V.
Bajo el sello editorial PLANETA M.R.
Avenida Presidente Masarik núm. 111,
Piso 2, Polanco V Sección, Miguel Hidalgo
C.P. 11560, Ciudad de México
www.planetadelibros.com.mx

Primera edición impresa en Colombia: diciembre de 2019
ISBN: 978-958-42-8348-1

Primera edición impresa en México: marzo de 2020
ISBN: 978-607-07-6586-5

No se permite la reproducción total o parcial de este libro ni su incorporación a un sistema informático, ni su transmisión en cualquier forma o por cualquier medio, sea este electrónico, mecánico, por fotocopia, por grabación u otros métodos, sin el permiso previo y por escrito de los titulares del *copyright*.

La infracción de los derechos mencionados puede ser constitutiva de delito contra la propiedad intelectual (Arts. 229 y siguientes de la Ley Federal de Derechos de Autor y Arts. 424 y siguientes del Código Penal).

Si necesita fotocopiar o escanear algún fragmento de esta obra diríjase al CeMPro (Centro Mexicano de Protección y Fomento de los Derechos de Autor, http://www.cempro.org.mx).

Impreso en los talleres de Litográfica Ingramex, S.A. de C.V.
Centeno núm. 162-1, colonia Granjas Esmeralda, Ciudad de México
Impreso en México -*Printed in Mexico*

Este libro está dedicado a G.L.
Nadie sino tú sabes cuánto he deseado ser libre.

índice

10
INTRODUCCIÓN
Hello again

PARTE 1
17

CAPÍTULO 1
Astrología 101: los nodos, los eclipses el karma y la misión de vida

+ **El karma y la ley de compensación**
+ **Los eclipses**
+ **Los nodos del karma y la misión de vida**
+ **Instrucciones para encontrar tus nodos del karma**

35

CAPÍTULO 2
Cómo leer este libro

PARTE 2
46

CAPÍTULO 3
Amar sin depender del "yo" al "nosotros"
AXIS ARIES-LIBRA
CASAS 1 Y 7

72

CAPÍTULO 4
Amarse para ser amado(a) del tener al ser
AXIS TAURO-ESCORPIO
CASAS 2 Y 8

100

CAPÍTULO 5
Más que una mente brillante del pensar al sentir
AXIS GÉMINIS-SAGITARIO
CASAS 3 Y 9

138
CAPÍTULO 6
El camino a casa de lo familiar al verdadero hogar
AXIS CÁNCER-CAPRICORNIO
CASAS 4 Y 10

176
CAPÍTULO 7
Vivir para brillar De la sombra a la luz
AXIS LEO-ACUARIO
CASAS 5 Y 11

206
CAPÍTULO 8
El cuerpo de la espiritualidad del controlar al fluir
AXIS VIRGO-PISCIS
CASAS 6 Y 12

237
NOTA FINAL

COACHING SESSIONS
+ **Cómo trabajar tu sombra** 94
+ **Nota breve sobre el** *reparenting* 152
+ **Conversaciones con tu diario** 202
+ **Guía simple para interpretar los sueños** 217
+ **Ejercicios para cachar tus miedos** 228

STORYTIME 69, 84, 125

INTRODUCCIÓN

Hell again

Duele lo que no entendemos.
Pero una vez transcurre el tiempo
y podemos ver con distancia lo que pasó,
entendemos que pasó para nosotros.

Sé que es un comentario que molesta,
pero ven conmigo:
esto que está ocurriendo y que te duele,
tiene sentido en la gran película.
Es parte de tu crecimiento y, sobre todo,
de tu realineación con tu propósito de vida.

Bueno, bueno, bueno... nos encontramos de nuevo. La última vez que nos tuvimos así, agarrados de manos y con el corazón abierto, fue en *El libro de las relaciones,* hablando de nuestros vínculos, trabajándolos a nivel de patrones de pensamiento, de creencias personales no examinadas, de creencias heredadas de familia o del colectivo. Entonces observamos la estructura mental y sus muchos programas, los cuales tenemos que actualizar constantemente si queremos evolucionar. Entendimos que, cuando de relaciones se trata, intentamos hacer esas actualizaciones con otro y que gracias a la dinámica del vínculo podemos darnos cuenta de cuándo necesitamos un nuevo *download*, una actualización con consciencia.

Ahora, desde el último libro hasta aquí yo he aprendido que:

1. Hay lecciones espirituales por aprender y reglas universales de energía que no han sido aún explicadas por la ciencia. No todas las personas están preparadas todavía para vivir en una consciencia de "creer para ver", porque quieren quedarse en "ver para creer". Sin embargo, cada vez estamos más abiertos a aceptar que somos energía.

2. Las lecciones por aprender son únicas para cada quien y nuestra parte espiritual se asegura de que cursemos las materias que debemos cursar una y otra vez, con diferentes personas, hasta que las aprendamos. Para eso establecemos acuerdos o contratos kármicos con ciertos seres antes de encarnar. Ellos nos ayudarán a "recordar" esas lecciones durante la vida en la Tierra. Así, yo tengo asignaturas que son mías, de mi "pénsum" personal, y tú tienes otras que son tuyas. Si nos encontramos es porque tenemos cosas que enseñarnos mutuamente, porque tenemos un contrato kármico. Te explico con un ejemplo: digamos que una de mis asignaturas pendientes en esta vida es aprender a confiar. Con la persona A aprendí un poquito y con la persona B, un montón, pero aún me falta. Cuando aprendí lo que A y B podían darme, nuestro acuerdo se acabó y cada quien siguió su camino. Ahora vendrá una persona C. Las lecciones se van poniendo más intensas, de las más simples a las más fuertes, y las más fuertes no son las "malas", de hecho, son las que nos llevan a revelar nuestra máxima cantidad de luz. A nivel mental las pruebas parecen las mismas. Pero no. A nivel espiritual tienen capas. Siempre vamos afinando. Es que, si no tuviéramos nada que trabajar a nivel espiritual, no tendríamos tantas pruebas, ni tantos espejos y profesores. Pero vinimos a elevarnos, a evolucionar en consciencia, y es por eso que mientras más pronto entiendas de qué va la cosa, mejor.

3. La primera persona que te eligió a ti fuiste tú mismo: elegiste cómo encarnar, tus condiciones y todo lo que eres. Te tienes a ti y, a partir de allí, puedes empezar a confiar mucho más en que estás donde tienes que estar y en que las personas que llegan son las correctas.

Todo lo que hacemos en la vida lo hacemos en vínculo con otro, no solo porque desde que nacemos ya estamos en una relación con alguien, sino porque nuestra relación con el todo parte de la relación que tenemos con nosotros mismos. Es por eso que este tema de las relaciones es interminable y es por eso también que en este libro no voy a enfocarme únicamente en las relaciones románticas. Voy a hablar de las relaciones desde una perspectiva mucho más amplia, desde la perspectiva del amor cósmico, ese que no necesita palabras, verse la cara o sentirse seguro al compartir una hipoteca para ser. ¿Por qué? Porque no toda relación significativa empieza con pasión, ni toda relación que nos cambia es de amor romántico -si no pensemos qué relación hay más transformadora que aquella que tenemos con nuestros padres, la cual moldea muchas tendencias en la edad adulta-. Para muchos, la lección espiritual más grande de esta vida no tiene que ver con el amor de pareja, sino con otras cosas, por ejemplo: una enfermedad o condición física especial, el trabajo y la vocación, el valor propio o la relación con el dinero. Sin importar cuál sea nuestro caso, es a través de las relaciones que aprenderemos nuestra lección al máximo, podremos revelar nuestra luz y lograr una sanación interna... es el camino de la evolución.

Ahora bien, de todas las relaciones que tenemos y que nos enseñan hay algunas que son más "especiales" que otras. Son relaciones que no responden a la atracción, la química, la intensidad o la capacidad para comprenderse casi sin palabras, sino a algo que en verdad no se puede explicar, a una conexión que pareciera venir del más allá. Estas son las que yo llamo "relaciones cósmicas", las cuales están dadas por contratos kármicos que hicimos antes de nacer y que nos impulsan a vivir las lecciones que vinimos a aprender. Por eso, cuando hablo de este tipo de relaciones, no me puedo suscribir únicamente al plano romántico. Debo hablar de otro tipo de conexiones que nos sostienen, nos enseñan y sacan a la luz el graaan tema que vinimos a aprender en esta vida y que está directamente enlazado con nuestro propósito espiritual. Algunos ejemplos de estas relaciones pueden ser: tu mentor, que creyó en ti y te abrió los ojos ante tu talento, tu padre, que se fue de casa a tu temprana edad y te hizo madurar y más adelante ayudar a otros, tu hermana, que estuvo a tu lado todo el tiempo mientras superabas una enfermedad. ¿Me sigues?

Este es un libro para que entiendas que la relación con las personas y las situaciones que vives con ellas son catalizadores para elevarte, evolucionar y revelar tu luz. Míralo como una continuación de *El libro de las relaciones*, como pasar de la universidad a una especialización. Sus lecciones te van a servir en cualquier tema y momento de tu vida.

Cuando entendemos a los otros como espejos y maestros y comprendemos que nuestras pruebas y lecciones son, en realidad, regalos cósmicos, llegamos a un nivel de aceptación que nos hace más fácil apreciar lo vivido y ver con claridad el próximo paso. Comprendemos el valor de esa persona que en el fondo es nuestro profesor y se nos revela lo que está pidiendo atención dentro de nosotros. Y sí, este trabajo se da por capas, porque para llegar allí debemos pasar por las barreras de la mente, la resistencia, el control… debemos pasar por una limpieza interna brutal.

(Por cierto… no olvides que tú también eres maestro y espejo para otros).

Apuesto que te ha pasado alguna vez: ¿has tratado de resolver algo que no podías entender únicamente con la mente? ¿Hay algo que sigues sin comprender aunque te lo han explicado mil veces o ya haya pasado suficiente tiempo? ¿Te frustra que otros se muevan más rápido y tú sigas sintiéndote igual? ¿Has tratado de soltar una situación o una persona de todas las maneras posibles y no has podido?

Muy bien. Creo que vamos a conectar. Vamos a aprender y a soltar muchísimo peso que ya no necesitamos. Aquí vas a entender por qué y para qué tienes los vínculos que tienes, comprenderás que tus relaciones están señalándote el camino hacia tu propósito de vida y están siendo un espejo para que en ti brille y se revele lo mejor de ¡tu ADN cósmico!

¿Ready?

1
Parte

CAPÍTULO 1

Astrología 101

LOS nodos, LOS ECLIPSES, EL karma Y la misión de vida

Ha llegado la hora de hablar de los eclipses, los nodos natales y de cómo estos influyen en las relaciones en las que no hay tiempo ni espacio, aunque la mente humana quiera crear estas condiciones. Las lecciones que traen para nosotros están marcadas en nuestro mapa inicial y nos corresponde trabajarlas en esta vida de una manera u otra. Dicho de otra manera: hay un entendimiento al que podemos llegar con la mente y con el trabajo de consciencia que es maravilloso. Pero hay una sabiduría que ya está dentro de nosotros y que solo tenemos que aprender a leer y decodificar para empezar a aceptarnos, entendernos y apoyarnos. Es necesario aprender a reconocer cuándo estamos ante una relación kármica, pues cuando eso ocurre es mejor no adormecerse ni apartarse, sino asumirla con consciencia y así alcanzar la liberación espiritual que tanto deseamos.

No cabe duda, y más ahora que estamos accediendo colectivamente a un nuevo nivel de consciencia, de que nada externo puede llenarnos, de que nadie puede venir a completarnos. Lo que los otros hacen es venir a despertarnos.

Probablemente me sigues en mis RRSS y ya estás familiarizado(a) con algunos de estos conceptos. Pero, por si acaso, revisémoslos de nuevo. Necesitarás tenerlos claros para la lectura de este libro, así que vamos.

El karma y la ley de Compensación

Para comprender la diferencia entre el amor que le habla al alma y el que le habla al cuerpo-mente, hablemos de mi tema favorito: los eclipses, los nodos y el karma. A simple vista podría parecerte que viniste al mundo porque sí, como consecuencia natural de un acto físico entre dos, de una relación -cosa que es muy importante, claro está-. Sin embargo, cuando estás bien adentrado en tu trabajo personal y has pasado al espiritual, entiendes que venir a este plano terrenal no fue algo así de aleatorio, pues nada lo es. Comprendes que escogiste a esa mamá, a ese papá, esa ciudad natal, incluso la configuración de tu carta astral, el día, la hora… tu misión. Entiendes que escogiste personas con quienes te encontrarás en esta existencia para resolver cosas pendientes de otras vidas y personas que conocerás por primera vez para crear nuevos aprendizajes, si son necesarios para tu evolución. Es importante comprender esto si quieres evolucionar espiritualmente:

Vivirás bajo la Ley del Karma hasta que entiendas la Ley de Compensación.

Te explico: karma significa consecuencia. Si en mi vida pasada tomé de ti, en esta yo te doy a ti. Si en la vida pasada aprendí mucho, en esta vida me toca compartir mi conocimiento. Es lo que se llama la Ley de Compensación.

Vamos con un ejemplo: quizá no sabes por qué una amistad muy valiosa se terminó, pero a los meses de que eso pasara empezaste a usar tu tiempo y energía para conectar con una causa que ahora se beneficia de tu luz y ayuda a muchos. Al momento del final de la amistad hubo dolor y falta de comprensión, ahora sientes agradecimiento y esa energía se eleva porque otros también pueden gozar de ella.

Cuando algo no sale como tú esperabas sientes dolor y buscas entender los hechos con la razón. Sin embargo, es solo flexibilizando la mente, trabajando en tu esencia espiritual que lograrás ver "desde arriba" la situación y entender que estás donde tienes que estar. Esto es lo curioso: tarde o temprano tu mente racional lo entenderá, pero para llegar a eso antes tienes que escucharte a ti plenamente, callar al ego y dejar que tu sabiduría más elevada, esa que te une con la consciencia universal, te enseñe.

Cuando estamos en una situación en la que se nos hace casi imposible aceptar la Ley de Compensación, tenemos que trabajar mucho el YO responsable para luego poder darnos todo el permiso de iniciar la sanación espiritual. Entonces te pregunto: ¿alguna vez has intentado controlar o cambiar una situación que te producía dolor? Sé que has vivido esto… una situación donde sobreanalizaste, donde intentaste entender con la mente humana lo que no se podía entender, donde quisiste evitar sentir plenamente eso que no querías sentir.

Hay situaciones que realmente son difíciles de soltar, lo sé, pero endosar a otros la responsabilidad, la culpa o el miedo que nos corresponden, tampoco lo hacen más fácil. Esto solo hace más largo el tiempo que dura el dolor y nos aparta del entendimiento real, el cual viene de alinearnos con la Ley de Compensación. Esta ley siempre está presente en nuestra vida y espero que con este libro puedas comprenderlo. Y si no lo entiendes la primera vez, léelo de nuevo y léelo entero, así encontrarás mensajes para diferentes etapas de tu vida.

TIPOS DE RELACIONES

¿Te animas a aprender sobre las relaciones que tenemos que tener y las lecciones kármicas que no podemos evitar? ¿Te animas a entender cómo puedes crear relaciones cada vez más conscientes donde no busques que el otro te complete, donde seas capaz de soltar en paz cuando sea el momento indicado y en las que sepas cómo elevar tus vínculos a la categoría de *soulmates*?

Ego-mates.

Son relaciones marcadas por una atracción a nivel físico o mental, donde el inconsciente es el que elige buscando afirmar el yo ante el mundo. El reconocimiento entre las partes es rápido y el vínculo se acaba porque la dinámica se desgasta. Aunque de estas relaciones se aprende, la huella que dejan en nuestra vida termina no siendo tan importante.

Karma-mates.

Son relaciones espejo: nos muestran las cosas que no entendemos o no hemos aceptado en nosotros mismos. Muchas de ellas son una recreación de nuestras dinámicas más familiares. Las iniciamos y mantenemos para crecer, conocernos mejor e integrar lo que nos hace falta, primero buscándolo en el otro y después entendiendo que eso que buscamos ya está en nosotros.

Soul-mates.

Son similares a los *karma-mates*, pero parecen no tener tiempo ni espacio. Cuando se encuentran, las partes sienten que se conocen desde siempre, se reconocen en el otro. Son relaciones que aceleran nuestra alineación con el propósito de vida, nos elevan y nos dan la sensación de "juntos, podemos iluminar el mundo".

LOS *eclipses*

Dos veces al año tenemos eclipses, eventos astronómicos y astrológicos que nos hacen entender que somos parte de algo mucho más grande. Usualmente estos se dan en pares (aunque hay temporadas que nos dan tres eclipses) y con seis meses de separación. Estos siempre ocurren en signos opuestos, uno con la luna nueva y otro con la luna llena.

Los eclipses son los únicos eventos astrológicos que pueden generar una predicción, aunque no predicciones al estilo "vas a comprar una casa" o "vas a perder un trabajo", sino al estilo "es tiempo de moverte", "se aprendió la lección", "es hora de asentarte", "es momento de sanar". Sé que estas predicciones no suenan muy sexies, pero cuando se traducen a la vida del 1% -que es lo que tu llamas "la realidad"- son muy útiles. Marcan cambios como terminar un trabajo o mudarte a otra ciudad y nos llevan de una acción/situación determinada a hacer un *shift* interno que nos despoja de cosas que ya no necesitamos para que podamos abrir espacio para otras que nos alineen con nuestra misión. Así, los eclipses (cómo están configurados, dónde caen y cómo influyen sus series en nuestra carta) hablan sobre cómo expresa el alma los cambios que debemos hacer en nuestra vida. A través de situaciones en diferentes áreas de nuestra vida, estos eventos nos van despertando del piloto automático para alinearnos con nuestro potencial, nos llevan a conocernos mejor, nos obligan a dejar de ser un obstáculo en nuestro propio camino y despiertan nuestro potencial. Es por eso que los eclipses se sienten más fuerte mientras más lejos estemos de aprender nuestras lecciones importantes, mientras más estemos atendiendo la voz del ego y de la mente racional.

Como astróloga, creo que no solo son importantes los eclipses sino la temporada de eclipses, porque engloba los dos eventos de la temporada y marca el período de seis a nueve semanas en el que los cambios empiezan a darse. Durante este tiempo no tenemos control de los cambios, pues los eclipses nos obligan a callar la mente racional y a entender que hay un plan más grande diseñado para nosotros, aunque en determinado momento no podamos entenderlo.

¿Cómo se marca esa temporada?

Primero debes saber cuándo serán los eclipses. En cualquier calendario lunar aparece esta información y también en mi agenda *Miastral*, que sale todos los años. Si buscas la luna nueva antes de los eclipses y la luna nueva después de los eclipses ya marcas la temporada. Usualmente se da de seis a nueve semanas (depende si la temporada es de dos o tres eclipses) en las que vemos a los planetas transitando cerca de uno de los nodos, esos puntos matemáticos cerca de donde se dan estos eventos.

¿Por qué se marca esa temporada?

Porque no es solo el evento del eclipse en sí, sino ver al Sol y los planetas tocando el nodo (punto matemático) de la temporada. A lo largo de esas semanas están siendo estimulados constantemente puntos kármicos y, por eso, esos dos meses estamos lidiando con un cambio que se resolverá cuando el período termine.

¿Por qué es importante para ti saber sobre *los eclipses o la temporada de eclipses?*

Tu vida está marcada por los eclipses que estaban ocurriendo el año en el que naciste. Las temporadas de eclipses todos los años activan ese propósito natal. Saber cuándo ocurren estos eventos en un año indicado y saber cuáles son tus nodos natales te dejará claro qué tipo de personas están entrando a tu vida y cuáles son las áreas de trabajo interno que vienen a mostrarte para alinearte con tu propósito de vida.

¿Qué más debes saber *sobre los eclipses?*

Cuando estamos en temporada de eclipses las reglas humanas del tiempo y el espacio no tienen tanta fuerza como cuando estamos fuera de esta temporada. Te explico: el tiempo y el espacio son medidas hechas para la experiencia humana, nos enseñan cuánto queremos algo -para lo importante siempre tenemos tiempo, ¿cierto? Exacto-. Pero en temporada de eclipses la energía no nos habla a ti y a mí por nombre y apellido, por sexo, edad, ni nacionalidad. La energía de planetas cerca de los nodos le habla directamente a nuestra alma diciéndole "es hora".

Las excusas que queramos poner de tiempo y espacio como "no puedo" o "no sé" o "no tengo tiempo" se caen y se impone la lección que debemos aprender para pasar al siguiente nivel, porque los eclipses son eso: eventos que marcan la necesidad de un nuevo *download*, de un nuevo estado de consciencia a nivel colectivo y personal.

DOS SECRETOS SOBRE LOS ECLIPSES

1. Aunque los eclipses de este año no estén pasando allí, cada eclipse está buscando que te alinees con tu contrato de vida marcado por tus nodos natales.

2. Al ubicar dónde están cayendo los eclipses este año en tu carta natal, sabrás por cuál área de la vida están viniendo esas lecciones y si hay personas y relaciones que son parte clave de ese aprendizaje.

LOS NODOS DEL *Karma* Y LA *misión de vida*

"¿Cómo puedo saber cuál es mi misión de vida?". En mis sesiones y redes sociales recibo mucho esta pregunta y veo que la mayoría de las personas tiende a confundir "misión" con "trabajo" o "profesión", cuando en verdad se trata de un propósito espiritual. Verás, todos encarnamos con una misión colectiva y una personal. La primera es tan simple como compleja: amar y hacer algo por dejar el mundo mejor de como lo encontramos (y bueno, cada quien tiene que hacerse el examen de consciencia y ver a dónde va con eso). La segunda, en cambio, es particular para cada quien y está llena de lecciones a lo largo del camino, las cuales tienen como propósito despertar nuestra consciencia e impulsarnos a aprender lo que vinimos a aprender.

Muchas veces rechazamos estas lecciones porque no tenemos la capacidad de aceptarnos, porque no comprendemos que todo está aquí para ayudarnos. Cuando estamos operando desde el "ver para creer" (en lugar del "creer para ver") perdemos la conexión con el espíritu de las cosas, es decir, la razón verdadera detrás de lo que nos ocurre. Y el tema es que, aunque el cuerpo, la tierra y la intuición nos hablen a gritos, aprender es una cuestión que depende completamente de la disposición que cada quien tenga para despertar.

Por eso hice este libro, para ayudarte a identificar las lecciones que has elegido venir a aprender en esta existencia e invitarte a que, en vez de resistirlas, las abraces. Mientras más pronto empieces a alinearte con tu misión de vida, mejor, así no pierdes tu valioso tiempo tratando de imponer tu voluntad sobre el *big picture*, sobre el "plan más grande" y, en lugar de eso, empiezas a fluir con la vida.

Verás, la astrología es una herramienta maravillosa. Nuestra carta astral es el código de nuestra alma.

Si bien hay muchos símbolos por leer en la carta astral y cada uno despliega un mundo de información, **entender dónde tenemos los nodos del karma nos ayuda a centrarnos en el tema más importante: ¿a qué vinimos? ¿Cuál es nuestro contrato kármico? ¿Qué dice? ¿Cómo podemos identificar las lecciones que tenemos que tomar? ¿Qué debemos dejar de resistir para poder acercarnos cada vez más a nuestro potencial y misión?**

En tu carta astral hay un Nodo Norte y un Nodo Sur. El Nodo Norte es lo que firmaste en tu contrato cósmico, lo que te comprometiste a hacer en esta encarnación. El Nodo Sur es lo que hiciste en tu vida pasada, es energía que conoces muy bien y se siente cómoda, pero en esta vida te lleva a la repetición y te hace sentir que no evolucionas. Escogemos encarnar con los nodos que muestran dónde nuestra alma ha logrado avance y dónde necesita enfocarse para avanzar aún más. Dónde tenemos el Nodo Sur indica de dónde venimos, lo que trabajamos en la vida pasada y, por tanto, dónde tenemos gran fortaleza y dominio. Sin embargo, si seguimos concentrándonos allí no avanzamos, nos corrompemos. Eso sería como quedarse cursando tercer grado desde que tienes 8 años hasta que tienes 50. Nuestra tarea en esta vida es poner lo que traemos en el Nodo Sur al servicio del Nodo Norte, enfocarnos en este último, que es donde nos hace falta adquirir experiencia en carne y hueso para que el alma haga expansión de su energía y pueda aportar positivamente el colectivo.

Incluso cuando en esta experiencia humana no sabemos ni podemos entender toda la sabiduría grabada en nuestra alma de múltiples encarnaciones, tener conocimiento de esto nos ayuda a rendirnos, a intentar nuevos métodos y a usar herramientas para derribar limitaciones y condicionamientos y acceder al potencial con el que hemos encarnado. Mientras descubrimos nuestra misión, usaremos las fortalezas que traemos del Nodo Sur para ayudarnos a nosotros mismos y enseñar a otros, para crear expansión.

El objetivo, la misión, es que aprendamos a lograr lo mismo que ya sabemos hacer con las cualidades del Nodo Sur, pero esta vez con las cualidades del Nodo Norte, las cuales se refuerzan cuando tienen la buena base de la vibración más alta del Nodo Sur.

Las grandes pruebas para aprender las lecciones pueden darse cuando somos muy jóvenes o adultos. En cualquier caso, siempre hay un punto de quiebre, un momento de remesón radical que llega para lanzarnos con fuerza hacia el Nodo Norte. Entonces dependerá del nivel de resistencia de cada quien qué tan rápido se aprende y qué tan fluidamente. Usualmente es en nuestra adolescencia cuando tenemos estas pruebas determinantes, porque no estamos tan condicionados mentalmente. Tomar las pruebas estando más adultos cuesta más porque para entonces ya nos hemos creído el cuento de que podemos manipularlo todo, pero no. Si no aprendemos, siguen las pruebas, los despertares. Eso sí, si alguien no ha tenido su momento de alineación con el carril de vida de los 36 a los 39 años, sin duda lo tendrá antes de pasar esa barrera, pues es cuando todos tenemos nuestro retorno nodal más fuerte.

El trabajo con las lecciones kármicas toma tiempo, pero una vez entendemos que nuestra alma está a cargo cedemos el control y pasamos de lo racional a la sabiduría interna, de lo sensorial a lo multisensorial. Además, comprendemos que cada quien tiene sus lecciones y su propósito y cada quien es un universo en sí mismo. Eso sí, siempre teniendo en la mira que la misión de todos a nivel espiritual es el amor y que el mejor legado que podemos dejar en la tierra es crear consciencia, encender una luz en la oscuridad que nos ayude en esta experiencia humana y que quizá ayude a alguien más.

Eso es evolucionar.

FACTS SOBRE LOS NODOS

+ Son puntos matemáticos que se dibujan en el arco que hacen la Luna y el Sol en la esfera celeste de tu carta natal. También son puntos donde se dan los eclipses.

+ Siempre viajan retrógrados y tardan 18,5 años en dar la vuelta a la rueda del zodiaco.

+ Duran 19 meses en un mismo axis nodal (dos signos opuestos).

+ Todos nacemos con un Nodo Sur, que determina de dónde venimos espiritualmente, y un Nodo Norte, que marca hacia dónde vamos. Así:

Tu Nodo Sur,
tu ADN espiritual.

Tus conductas repetitivas y compulsiones. Tus emociones fuertes asociadas al "YO SOY", tus talentos naturales, lo más marcado de tu personalidad. Lo que te encanta, lo que aborreces. Lo que debes aprender a soltar.

Tu Nodo Norte,
tu misión de vida.

Tu propósito espiritual, lo que has venido a experimentar, la expresión más alta y refinada de ti mismo(a), tu energía y tu luz. Tus actitudes por desarrollar. El derrotero adonde queremos dirigirnos para sentirnos conectados con el todo. Hacia donde debes movilizarte espiritual y energéticamente.

INSTRUCCIONES
para encontrar tus nodos DEL karma

Tu carta astral es tu gran mapa, una radiografía de cómo estaba el cielo en el momento en el que naciste y cómo eso marca las tendencias de tu personalidad, tu recorrido y tu vida. Si bien los planetas que ves allí son tu "ADN cósmico", el volante y la dirección de cómo imprimes tu luz en el mundo lo llevan los Nodos del Karma. Por eso, para poder comprender y aplicar todo lo que explico en este libro, es indispensable que sepas dónde tienes tus Nodos del Karma, ya que estos son los indicadores astrológicos del tema que trabajaremos aquí: la misión y las lecciones de vida.

¿Eres nuevo en la astrología? No te preocupes: te lo haré súper simple con este instructivo. ¡Ven conmigo!

ADN CÓSMICO

Opción A

En los siguientes recuadros, encuentra el rango de fechas que incluya tu día de nacimiento. El axis y la categoría nodal donde se encuentra determina tu propio axis y categoría nodal.

Ejemplo: si una persona nació el 18 de febrero de 1983, su cumpleaños cae en el rango de septiembre 25, 1981 - marzo 16, 1983, el cual se encuentra en la categoría del axis nodal Cáncer-Capricornio, en la configuración Nodo Norte en Cáncer, Nodo Sur en Capricornio.

FECHA DE INICIO				FECHA DE CIERRE			SIGNO DEL NODO NORTE	SIGNO DEL NODO SUR
Octubre	10	1953	a	Abril	02	1955		
Abril	28	1972	a	Octubre	27	1973		
Noviembre	19	1990	a	Agosto	01	1992	**CAPRICORNIO**	**CÁNCER**
Agosto	21	2009	a	Marzo	02	2011		
Marzo	27	2028	a	Septiembre	23	2029		
Abril	03	1955	a	Octubre	04	1956		
Octubre	28	1973	a	Julio	09	1975	**SAGITARIO**	**GÉMINIS**
Agosto	02	1992	a	Febrero	01	1994		
Marzo	03	2011	a	Agosto	30	2012		

FECHA DE INICIO				FECHA DE CIERRE			SIGNO DEL NODO NORTE	SIGNO DEL NODO SUR
Octubre	05	1956	a	Junio	16	1958		
Julio	10	1975	a	Enero	07	1977		
Febrero	02	1994	a	Julio	31	1995	ESCORPIO	TAURO
Agosto	31	2012	a	Febrero	18	2014		
Junio	12	1958	a	Diciembre	15	1959		
Junio	08	1977	a	Julio	05	1978		
Agosto	01	1995	a	Enero	25	1997	LIBRA	ARIES
Febrero	19	2014	a	Noviembre	12	2015		
Diciembre	16	1959	a	Junio	10	1961		
Julio	06	1978	a	Enero	05	1980	VIRGO	PISCIS
Enero	26	1997	a	Octubre	20	1998		
Noviembre	13	2015	a	Mayo	09	2017		
Junio	11	1961	a	Diciembre	23	1962		
Enero	06	1980	a	Septiembre	24	1981	LEO	ACUARIO
Octubre	21	1998	a	Abril	09	2000		
Mayo	10	2017	a	Noviembre	06	2018		
Diciembre	24	1962	a	Agosto	25	1964		
Septiembre	25	1981	a	Marzo	16	1983	CÁNCER	CAPRICORNIO
Abril	10	2000	a	Octubre	13	2001		
Noviembre	07	2018	a	Mayo	05	2020		
Agosto	26	1964	a	Febrero	19	1966		
Marzo	17	1983	a	Septiembre	11	1984	GÉMINIS	SAGITARIO
Octubre	14	2001	a	Abril	14	2003		
Mayo	06	2020	a	Enero	18	2022		
Febrero	20	1966	a	Agosto	19	1967		
Septiembre	12	1984	a	Abril	06	1986	TAURO	ESCORPIO
Abril	15	2003	a	Diciembre	26	2004		
Enero	18	2022	a	Julio	18	2023		

ADN CÓSMICO

FECHA DE INICIO				FECHA DE CIERRE			SIGNO DEL NODO NORTE	SIGNO DEL NODO SUR
Agosto	20	1967	a	Abril	19	1969	**ARIES**	**LIBRA**
Abril	07	1986	a	Diciembre	02	1987		
Diciembre	27	2004	a	Junio	22	2006		
Julio	19	2023	a	Enero	11	2024		
Abril	20	1969	a	Noviembre	02	1970		**VIRGO**
Diciembre	03	1987	a	Mayo	22	1989		
Junio	23	2006	a	Diciembre	18	2007		
Enero	12	2024	a	Abril	27	2026		
Noviembre	03	1970	a	Abril	27	1972	**ACUARIO**	**LEO**
Mayo	23	1989	a	Noviembre	18	1990		
Diciembre	19	2007	a	Agosto	21	2009		
Abril	28	2026	a	Marzo	26	2028		

Indica en el siguiente gráfico tu Nodo Norte y tu Nodo Sur. Será indispensable que los tengas claros para la lectura del libro.

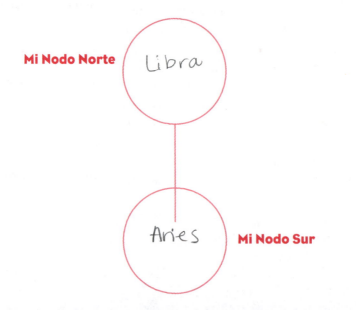

Mi Nodo Norte — Libra

Mi Nodo Sur — Aries

Para profundizar en la información sobre los nodos kármicos, obtener las casas donde se encuentran e identificar los tránsitos de los eclipses actuales.

1. Obtén tu carta natal con un astrólogo o, gratuitamente, en alguna de las páginas web que sugiero a continuación o en una similar que conozcas.

Páginas web sugeridas para obtener tu carta natal de forma gratuita:

www.astro.com   www.grupovenus.com   www.cafeastrology.com

Paso a paso para obtener tu carta natal en www.astro.com

+ Entra en www.astro.com.

+ En la parte superior derecha, haz clic en "ES" para ver todo en español.

+ En la parte superior izquierda, haz clic en "Horóscopos gratuitos".

+ Ve a la categoría "Dibujos de la carta" y selecciona "Dibujo de carta, ascendente".

+ En la opción "Para usuarios invitados" haz clic sobre "Cliquee aquí para ir a la página donde ingresará sus datos".

+ Ingresa tu nombre, fecha, hora y lugar de nacimiento (si no tienes tu fecha exacta, pon las 12:00 p. m., esto no afectará el resultado de tus nodos).

+ Marca la opción "Continuar" y obtén tu carta natal.

2. En tu carta natal, busca…

✢ Tu Nodo Norte (también conocido como Nodo Real). Lo encontrarás con este símbolo:

3. Identifica tu Nodo Sur. Este no sale especificado en tu carta natal, pero puedes encontrarlo fácilmente con la siguiente tabla:

SI TU NODO NORTE ESTÁ EN….	TU NODO SUR ESTÁ EN….
Aries	Libra
Tauro	Escorpio
Géminis	Sagitario
Cáncer	Capricornio
Leo	Acuario
Virgo	Piscis
(Libra)	(Aries)
→ Escorpio	Tauro ←
Sagitario	Géminis
Capricornio	Cáncer
Acuario	Leo
Piscis	Virgo

4. Identifica las casas donde caen tu Nodo Norte y tu Nodo Sur. ¿Cómo? Tu carta natal es un círculo dividido en 12 casas. Ubica en cuál de ellas está tu Nodo Norte (símbolo ☊) y en cuál de ellas está tu Nodo Sur (símbolo ☋). Anota esta información.

```
Nodo        Casa
Norte  →    7
Sur    →    1
```

CAPÍTULO 2

CÓMO leer ESTE libro

Hay tres maneras de leer este libro: una básica, una intermedia y una avanzada. Cualquiera que elijas, en el momento que la elijas, es perfecta. Recuerda que puedes volver sobre este libro cuantas veces quieras y que sus páginas siempre tendrán nueva información para ti. Tú decides qué tanto quieres profundizar hoy.

I. Nivel básico
Astro-curious

Aquí encontrarás información sobre tus lecciones kármicas y tu misión de vida. Además encontrarás tips para que mejores tu relación contigo mismo(a) y con los demás.

+ Ubica tus Nodos del Karma usando alguna de las opciones que te planteé en la sección "Instrucciones para encontrar tus nodos del karma" (páginas 29 – 34).

+ Busca el axis nodal que corresponde a tus nodos en el índice de este libro.

Ejemplo: si tu axis es Cáncer-Capricornio, busca el capítulo de ese axis.

+ Lee la introducción general de ese axis, si la hay, y busca el lado "a" o el lado "b" del capítulo, dependiendo de los signos donde tienes el nodo norte y el nodo sur.

Ejemplo: si tienes el Nodo Norte en Cáncer y el Nodo Sur en Capricornio te corresponderá el lado "a" y si es al revés, será el lado "b".

2. Nivel intermedio
Astro-lover

Esta información es importante para ti porque te indica el tipo de relaciones y el área de tu vida donde se dan constantemente tus lecciones kármicas.

✦ Utilizando la opción b que te planteé en la sección "Instrucciones para encontrar tus nodos del karma" (páginas 29-34) obtén tu carta natal e identifica en qué casas están tus nodos.

✦ Ubica en el índice de este libro el capítulo que habla de esas casas y, en él, identifica tu configuración.

Ejemplo: digamos que tienes el Nodo Norte en la casa 4 y el Nodo Sur en casa 10. En el capítulo del axis Cáncer – Capricornio verás que hay información para esta ubicación de nodos. Ve al capítulo correspondiente y ubica la sección de personas nacidas con Nodo Norte en casa 4 y el Nodo Sur en casa 10.

3. Nivel avanzado
Astro-expert

Esta información te permitirá identificar los temas que serán más importantes para ti durante los 19 meses que estén vigentes los eclipses actuales.

+ Identifica en qué signos y en qué nodos están ocurriendo los eclipses actualmente (puedes encontrar esta información fácilmente en mi página web, en mi contenido de redes sociales o en otras fuentes de internet).

+ Ubica esa zona en tu carta natal.

Ejemplo: si actualmente los eclipses están pasando en Géminis como Nodo Norte y Sagitario como Nodo Sur, pregúntate "¿dónde están las casas correspondientes a esos signos en mi carta?". Digamos que tienes Géminis en la casa 2 y Sagitario en la casa 8. Las casas que se están viendo afectadas por estos eclipses son entonces la 2 y la 8.

+ Busca en el índice el capítulo que habla de las casas que se están viendo afectadas por los eclipses actuales.

Nota: También puedes leer el capítulo del axis nodal donde se están dando los eclipses actualmente para para entender la lección que estamos recibiendo colectivamente, como humanidad.

Bonus track

Al final de cada capítulo he incluido una sección con nombre "*Tips para relacionarte con un(a) nativo(a) de cada configuración nodal*". Si te interesa esta sección, puedes seguir la opción A de "Instrucciones para identificar tus nodos del karma" (páginas 29 – 34), y aplicarlas a la persona con la que te quieres relacionar mejor. Es decir, usando su fecha de nacimiento.

Una vez descubras dónde tiene él/ella sus nodos del karma, puedes ir al índice de este libro, ubicar su axis nodal, luego su configuración nodal (lado a o b) e ir directamente al apartado "*Tips para relacionarte con un(a) nativo(a) de esta configuración nodal*".

Aprenderás claves maravillosas para mejorar tu víncluo con esa persona. ¡Te lo promento!

Además...

A lo largo del libro encontrarás algunas secciones marcadas bajo el título "*Coaching Session*". Si no corresponden a tu axis nodal, pero sus títulos te resuenan cuando los ves en el índice del libro, sigue tu intuición y léelos. Seguramente allí encontrarás información valiosa para que profundices en tu trabajo personal. También encontrarás historias de mi vida personal y de mis amigos, las cuales puedes leer de forma aleatoria e independiente. Guíate por el índice para saber en qué páginas se encuentran. Las verás bajo el título "*Storytime*". *Enjoy!*

GUÍA

Dime tu axis nodal y

Axis Aries-Libra

(o personas experimentando eclipses en las casas 1 y 7 de tu carta astral)

Tus mayores lecciones kármicas las recibes a través de tus relaciones más importantes. Todos los seres humanos tenemos este tipo de lecciones, pero tú más. Para tu trabajo de evolución es indispensable que aprendas a relacionarte con pares que te impulsen a salir de tu zona de confort y a ir más lejos en el proceso. Debes aprender a atravesar las molestias que esto pueda implicar, estar dispuesto a verte en el espejo que es el otro, aprender a recibir sin depender, atreverte a trabajar las heridas internas que te activan ciertas relaciones y permitirte soltar las relaciones que ya cumplieron su ciclo una vez hayas aprendido la lección.

RÁPIDA

te diré tu lección kármica

Axis Tauro-Escorpio

(o personas experimentando eclipses en las casas 2 y 8 de tu carta astral)

Tus mayores lecciones kármicas tienen que ver con situaciones de dinero, pasión, estatus, poder y entrega. Lógicamente estas situaciones se dan con relación a otros la mayoría de las veces, pero para ti, más que lidiar con el contrato kármico con las personas involucradas, se trata de superar la obsesión con estos temas. Por eso, tu trabajo evolutivo tiene que ver con situaciones relacionadas con bienes conjuntos, herencias, grandes pérdidas materiales, pasiones tóxicas y vínculos disfuncionales. Debes aprender a conectar con los otros entendiendo su valor inmaterial y, sobre todo, aprender a valorarte a ti por lo que eres y no por lo que tienes o puedes alcanzar.

Axis Géminis-Sagitario

(o personas experimentando eclipses en las casas 3 y 9 de tu carta astral)

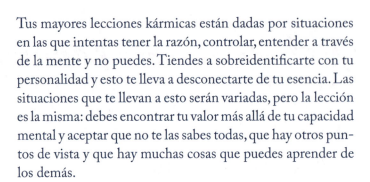

Tus mayores lecciones kármicas están dadas por situaciones en las que intentas tener la razón, controlar, entender a través de la mente y no puedes. Tiendes a sobreidentificarte con tu personalidad y esto te lleva a desconectarte de tu esencia. Las situaciones que te llevan a esto serán variadas, pero la lección es la misma: debes encontrar tu valor más allá de tu capacidad mental y aceptar que no te las sabes todas, que hay otros puntos de vista y que hay muchas cosas que puedes aprender de los demás.

Axis Cáncer-Capricornio

(o personas experimentando eclipses en las casas 4 y 10 de su carta astral)

Tus mayores lecciones kármicas están relacionadas con tu concepto de hogar, estabilidad y familia. Tu misión es "traerte a casa", encontrar el equilibrio entre cómo debían ser las cosas y lo que a ti te hace sentir bien. El pasado y tu familia son portales de karma para ti. Debes aprender a no sentirte culpable por no cargar con ellos, resolverles todo o sacarlos adelante. Aprender a nutrirte a ti en todos los sentidos es tu gran labor.

Axis Leo-Acuario

(o personas experimentando eclipses en las casas 5 y 11 de su carta astral)

Tus mayores lecciones kármicas están relacionadas con tu talento, con descubrirlo y compartirlo. Para esto tendrás que cambiar la idea de quién eres, lidiar con tu ego y trabajar la confianza en ti mismo. Tus grandes portales de evolución son pruebas que te hacen dudar de ti para luego creer en ti, en lo que te hace sentir vivo y en tu luz. Debes aceptar que naciste para brillar y encontrar la manera más auténtica de hacerlo, no desde el ego, sino desde la alineación con tu misión de vida.

Axis Virgo-Piscis

(o personas experimentando eclipses en las casas 6 y 12 de su carta astral)

Tus mayores lecciones kármicas vienen a través del cuerpo y cómo él te habla, te llama para que presentes atención a tu intuición y a tu mundo interior. Tiendes a desconectarte de tu cuerpo, a obviarlo, y es por eso que tu misión es volver a él y atenderlo. Para ello, puede que tengas que lidiar con enfermedades o afecciones de la salud, que debas aprender a manejar la ansiedad o a crear un ambiente de salud mental para ti. Es posible que en el camino desarrolles facultades psíquicas, cosa que, bien manejada, puede ayudarte a ti y a los demás.

2 Parte

CAPÍTULO 3

Amar sin depe

AXIS ARIES – LIBRA
CASAS 1 Y 7

Este capítulo es para:
+ Personas con nodos en Aries y Libra
+ Personas que aman a alguien con nodos en Aries y Libra
+ Personas con nodos en casas 1 y 7
+ Personas experimentando eclipses en casas 1 y 7

(Del "yo" al "nosotros")

+ Personas con Nodo Norte en Aries y Nodo Sur en Libra
+ Personas con Nodo Norte en casa 1 y Nodo Sur en casa 7
+ Personas experimentando eclipses de Nodo Norte en la casa 1 y de Nodo Sur en la casa 7

Chloe, mi mejor amiga, tiene el Nodo Norte en Aries y el Nodo Sur en Libra. Desde que recuerda está en relaciones codependientes, sean de amor o de amistad muy cercanas. Muy a menudo se ve buscando una causa, una situación, alguien que necesite compañía o ayuda para ponerse a su servicio. Al ir madurando ha entendido que esto se debe a una necesidad suya de ser necesitada, valga la redundancia, y de que eso muchas veces es un recurso que utiliza para no tener que trabajar el YO. De ahí que muchas veces, cuando hace cosas a solas o quiere tiempo aparte, siente mucha culpa.

Ya voy a profundizar en estos nodos, pero para empezar quiero que notes en la historia que te cuento la búsqueda del apego a la energía del Nodo Sur y la evasión a la energía del Nodo Norte. El contrato kármico indica que tarde o temprano tenemos que alinearnos con el Nodo Norte, porque si seguimos alimentando el Nodo Sur nos vamos sintiendo esclavos y no hay evolución. Las pruebas que inconscientemente manifestamos en la realidad y que nos sacan de la zona cómoda a veces son dolorosas, pero no tanto como la lenta molestia, culpa o peso de quedarnos en el mismo lugar.

Las personas como Chloe, con el Nodo Norte en Aries, han pactado en su contrato kármico ser menos dependientes en esta encarnación. Trabajar la manera en que constantemente buscan identificarse en relación con otros, es decir, como "esposa de tal", "hijo de cual". Su sensación del YO debe ser suya, deben aprender a verse a través de sus propios ojos y no de los ojos de otros. Tienen que atreverse a ser impulsivos hasta que hayan aprendido cuáles impulsos son positivos y cuáles no. Deben perder el miedo a iniciar, a afirmarse. Esto tiene un propósito: será con sus emprendimientos, impulsos y superación de identificaciones falsas que su potencial de vida se verá maximizado.

Aunque sientan que hay comodidad en la codependencia, en hacer que otros dependan de ellos o en estar siempre en una relación (porque no saben estar solos), esos patrones les mantienen en el mismo lugar real o emocional y pueden verse más adelante rebelándose contra relaciones y estructuras que han creado en esos lazos codependientes. Es posible que las personas con la que están en una relación terminen el vínculo haciendo que la persona de Nodo Norte en Aries se lleve a hacer el trabajo interno del YO que le hacía falta.

Otra de las grandes lecciones para estos nativos es aprender a decir su verdad. Tienden a ser muy diplomáticos pero deben aprender que hay situaciones en las que uno debe asegurarse de *estar bien en vez* de *quedar bien*, lo que implica levantar algunas olas con otras personas. Para estas personas eso es difícil, pues generar conflicto les cuesta. Sin embargo, inconscientemente se acercan a otros a quienes se les da muy fácil hacerlo, porque lo que no se ha integrado o aceptado lo buscamos (sin saber) afuera.

En relaciones, las personas con Nodo Norte en Aries y Nodo Sur en Libra se emparejan con facilidad. La calidad de las conexiones obviamente depende de su nivel de amor propio y autoestima, que solo puede ser alto en tanto puedan afirmar su YO. El amor propio no vibra en relaciones codependientes o en una persona que tiene miedo a expresarse auténticamente por miedo a perder la aprobación de otros.

Aunque se emparejen fácil, estos nativos tienden a pasar por muchas relaciones porque suelen tener un ideal muy grande de lo que es una relación "perfecta". Venus, planeta de las relaciones y el deseo, rige su Nodo Sur, así que también tendrán que aprender a fijarse en las personas más allá de su físico. También tienen que dejar de ser demasiado complacientes, algo que tiende a apagar la llama del deseo del otro y que, entre otras cosas, atemoriza frecuentemente a estos nativos.

Con Marte como regente del Nodo Norte de la evolución, buscan afirmarse, aceptarse, experimentar hasta sentirse cómodos con su imagen, con su YO. Hacer planes solos, ser su propia pareja, crear experiencias de placer que no dependen de otros, tomar la iniciativa en relaciones, fortalecer su confianza personal y ver cómo sus impulsos pueden crear buenos emprendimientos, les hará mucho más fácil identificar quién puede ser un buen *karmamate* o *soulmate*. De no trabajar su Nodo Norte se ven en relaciones de buena fachada, pero con frustración interna (y no me refiero solo a relaciones románticas).

Una buena manera de trabajar su Nodo Norte puede ser a través de deportes individuales o de una profesión que les permita ser creativos, proponer ideas y llevarlas a cabo desde el inicio hasta el final. Lo que pasa es que si de hecho aceptan tomar un puesto así estarán pidiendo guía y permisos, porque el Nodo Sur en Libra hace que se sientan inseguros y quieran quedar bien. ¡Deben atreverse! Las correcciones vendrán si son necesarias y, usualmente, lo que pasa es que una vez que se lanzan se "abren" las puertas de la percepción y se descubren capaces de mucho más de lo que creyeron posible.

Es importante que estas personas encuentren su camino, su fuerza, y se conozcan mejor. Han apoyado a otros casi de la mano en su descubrimiento. Ahora ha llegado la hora de que ellos hagan lo mismo. Mírenlo así: Venus, que rige su Nodo Sur, también es el planeta de la autoestima y en este axis nodal se considera la autoestima como la capacidad de darnos el amor que le daríamos a otro, atendernos como haríamos con alguien más que apreciamos muchísimo. Solo al tenernos a nosotros mismos podremos darnos desde un lugar de integridad y autenticidad, en vez de apuntar a la dependencia o inseguridad, porque ese tipo de relaciones no es sostenible en el tiempo.

Misión de vida

Aunque parezca obvio, tu misión de vida es ser tú.

Para poder trabajar con tus talentos necesitas primero salir del ciclo de codependencia, dejar de sacrificar de ti para mantener la armonía en una relación y de tener constantes dudas ante la posibilidad de afirmarte o emprender.

Tú, más que la gente con el resto de nodos, tiendes a aprender tu lección de vida a través de tus relaciones más cercanas de energía Libra. Estas relaciones son de uno a uno donde ambos tienen deberes y derechos, donde cuentan el uno con el otro. Sean relaciones de pareja, de socios o con un cliente, tienes una situación prueba para ver cómo vas en esto y en la que puedes -de manera consciente- ir introduciendo cambios que te hagan vibrar más en la energía de participación, de certeza de quién eres y lo que tienes para ofrecer, de perder el miedo a obtener reconocimiento, de mantener tu postura en los negociables y no negociables del vínculo y de dejar de apoyarte en el ideal de fantasía de relaciones perfectas.

Lección kármica

La historia de Chloe aún continúa, pues, como todos, está aprendiendo. Una de las lecciones más fuertes que ha tenido, dentro de lo que ella creía que era la lección, ha sido procesar la culpa. Esta nace de un juicio o una posición ética y muchísimas veces es aprendida sin que nos demos cuenta de cómo nuestra cultura, religión, sociedad y tipo de crianza influyen en esto. También está la culpa justificada que sentimos cuando hacemos algo que se siente mal.

El detalle con la culpa es que aunque se siente mal, nos mantiene en relación. ¿Cómo así? Si me siento culpable por algo que te hice, tú y yo no hemos terminado aunque estemos molestos. Siento que te debo algo, así que estamos en relación.

Con esto hay que tener mucho cuidado, porque mantener relaciones por culpa nunca es sano.

En el caso de Chloe, la culpa de estar despertando y evolucionando a un ritmo distinto del de otras personas importantes en su vida no solo le hacía apagar un poco su luz y bajar el volumen de sus deseos, sino que el miedo era tan fuerte que otros le hacían comentarios que reforzaban su culpa como "cuánto has cambiado", "¿será que empezaste a meditar y todo se volteó?". Llegó a cuestionarse si estaba mal haberse propuesto pausar su vida por una cuestión de salud, si era mejor continuar adormecida.

La culpa en ella, la culpa que ella a veces endilgaba a los que de alguna manera le ayudaron a estar mejor, se fue disolviendo cuando entendió que esta solo la mantenía estancada. Como siempre pasa, su corazón la sacó de donde ya no debía estar y tras un *breakdown*, se dio cuenta de que su relación codependiente con la culpa era lo que la había llevado a esa condición de salud nefasta, de la que ningún médico podía dar respuesta.

No fue por arte de magia, pero cuando ella empezó a dejar de creerle a la voz de la culpa su salud empezó a mejorar, se sentía bien y tenía ganas de crear, de iniciar, de hacer planes, de estar más presente e inyectar energía y mucha pasión a áreas de su vida que estaban medio grises.

Al momento que escribo este libro algunas personas aún no entienden qué le ha pasado, pero como ya no duda tanto de sí y no está proyectando esa falta de certeza, ya nadie le hace esos comentarios que antes reforzaban su culpa. Más bien la toman como ejemplo y le dicen que es motivación para atreverse a hacer cambios.

Y sí, aunque en un momento experimentó dolor e incertidumbre, ella misma sabía que estaba tomando una decisión correcta que se agradecería en el largo plazo y que era una buena manera de empezar a cortar con patrones que tenía desde que era chiquita.

Su karma: aunque había codependencia con otros, en verdad la relación codependiente más fuerte era con su culpa. La proyección de la misma se manifestaba en la relación a otros.

Su lección: integrar su Nodo Norte en Aries y trabajar la relación con ella misma.

En su vida pasada no lo había hecho, así que al estar repitiendo lo mismo en esta vida, la energía vital se le diluía.

Su recompensa: una autoestima fortalecida, equilibrio y la capacidad de crear relaciones sin codependencia.

TIPS para RELACIONARTE mejor SI TIENES esta CONFIGURACIÓN nodal

1. Primero observa: de las relaciones importantes en tu vida, ¿cuáles han tenido esta dinámica de codependencia? ¿Tú dependes de otros o haces que otros dependan de ti? Lo principal es hacerte consciente.

2. Responde lo primero que venga a tu mente: ¿qué te da tanto miedo de relaciones equilibradas entre dos personas conscientes, donde el lazo principal no es la dependencia?

3. ¿Te cuesta poner límites a personas que no dependían de ti pero las condicionaste a buscar tu ayuda siempre?

4. ¿Qué evitas trabajar en ti mientras estás atendiendo esas conexiones con otros?

5. Mejora la relación contigo mismo. Tienes que ser tu propia pareja: sácate a cenar, llévate al cine, pierde el miedo a hacer cosas a solas. No es algo superficial, te ayudará muchísimo a descubrir cuál es tu estilo, qué es lo que te queda bien a ti y no por moda.

6. Recuerda que uno escoge a sus parejas románticas o profesionales. Si estás soltero, evita empezar una relación con el/la único(a) que te dio atención. Trabaja en ti, en conocerte, tenerte y en recordarte que escoges con quién quieres compartir tu vida.

7. Recuerda que puedes decir NO cuando estás cansado, cuando no vale la pena escuchar la misma historia de una de tus relaciones co-dependientes.

8. Mejor aún: recuerda que puedes decirte NO a ti mismo y ponerte límites antes de caer una vez más en el hábito de dar más de lo que recibes para quedar bien con alguien. Puede que al inicio los demás se molesten, pero esto es algo que necesitas y que otros aprenderán a respetar.

9. Seguramente te sientes culpable o en deuda cuando alguien te da cosas, te comparte; sientes que hay que darle de vuelta y muchas veces que hay que darle más. Cuando recibas algo repítete que mereces recibir, que mereces compartir, que en el gran esquema de las cosas has dado mucho a veces sin retorno, y que la vida te está recompensando. Páusate antes de rechazar un cumplido o de entrar en el "análisis-parálisis" de por qué alguien es tan *nice* contigo.

TIPS *para* RELACIONARTE *con un(a) nativo(a)* DE ESTA CONFIGURACIÓN *nodal...*

1. Ayúdale a hacerse consciente de que no necesitas que se haga cargo de tu vida, que le quieres feliz con su vida, sus emprendimientos y sus logros. Hazlo con cariño porque tenderán a pensar que los rechazas. Para ellos el amor es igual a codependencia.

2. Motívale a tomar decisiones propias, a hacer ese viaje, aunque esta vez no puedas acompañarle.

3. Dale un regalo que sea solo para él/ella. Por ejemplo: te regalo esta tarde en un *spa* solo para ti y después nos vemos para cenar.

4. Tengan planes con actividades que les ayuden a descubrir nuevas habilidades y a superar miedos.

5. Las personas con el Nodo Norte en Aries y el Sur en Libra odian la rutina. Ayúdale a entender que incluso dentro de lo simple, lo ordinario y rutinario, uno puede reinventarse.

6. Ante el conflicto, anímale a expresar lo que siente aunque no se vea bien o aunque no quede bien. A estos nativos les cuesta expresar abiertamente sus molestias.

7. Entiende que su tendencia a la codependencia no es por gusto. Vienen de la infancia y hasta de vidas pasadas con esta energía y les cuesta crear una nueva manera de ser y manejar sus relaciones. Trabajar sobre la codependencia de personas en su familia puede ser fuerte y necesitará apoyo. Lo que más les duele es el juicio. Deberías estar ahí para escuchar, no para juzgar cómo fue o es su mamá.

8. Cuando su cuerpo está reaccionando, invítale a hacer un balance sobre cuánto dedica a sí mismo y cuánto dedica a otros y no solo con acciones, sino también con estrés mental (dándole vueltas a una situación de otro o cómo puede quedar bien o rescatar a otro).

9. Motívale a que escoja dónde van a comer o qué película van a ver, los muebles de la sala o la fecha de un viaje. Estas personas tienden a vacilar mucho y no confían en sus decisiones. Estos detalles pueden hacerle sentir seguro y validado.

10. Actividad sexual: con Marte como regente Nodo Norte, la química, el deseo, la apreciación de su cuerpo le "activa". De hecho, es uno de los pocos momentos donde este nativo se deja ser un tanto egoísta. No estoy diciendo que te obligues a tener este tipo de encuentros a diario con él/ella, pero que de vez en cuando le pongas esmero para que sea picante, que se lo goce y que sienta que fue una experiencia principalmente para su satisfacción.

+ Personas con Nodo Norte en Libra y Nodo Sur en Aries
+ Personas con Nodo Norte en Casa 7 y Nodo Sur en casa 1
+ Personas experimentando eclipses de Nodo Norte en casa 7 y de Nodo Sur en casa 1

Para empezar con la explicación de este nodo o tránsito nodal, voy a contar dos historias: la primera es la de mi mamá. Es la mayor de sus hermanas y entre ella y la segunda hay muchos años. Al haber tenido "el trono" hasta su preadolescencia, creó una personalidad de hija única que después se vio obligada a cambiar cuando llegó la segunda y después la tercera hermana.

Mientras fue hija única desarrolló un vínculo muy cercano con su papá, un ingeniero. Ella lo acompañaba a sus obras y viajes de trabajo, aprendía de lo que él hacía y poco a poco empezó a desarrollar un gusto por la ingeniería, la construcción, etc.

Muy poco tiempo después de dejar de ser hija única, de que llegara la primera de sus hermanas, mi mamá salió embarazada, cosa que la sacaba rápidamente de un seno familiar para crear otro... el suyo. Como mucha parte de la experiencia que vino de su embarazo la narré en *El libro de las relaciones,* hago salto al momento en el que ella es enviada a Estados Unidos a terminar su secundaria. Con tan solo 16 años ella se fue sola a Miami y quedó al cuidado de una conocida. Luego a los 18 empezó a vivir sola. En Estados Unidos cursó lo que le faltaba de secundaria y la universidad. Yo me quedé en Venezuela.

Si bien no era ya hija única, sus condiciones hacían parecer como si lo fuera. Su papá ponía extra atención en ella, en que estuviera bien. También en mí, en que pudiera verla de tanto en tanto, en que mantuviéramos el contacto. Pero por mucho que mi abuelo hubiera tratado de hacer el proceso más fácil, mi mamá se vio sola y no porque no tuviera compañía, sino porque estaba sola en procesos en los que necesitaba guía.

Mi mamá tiene el Nodo Sur en Aries y el Nodo Norte en Libra. Su alma escogió esta encarnación y hechos puntuales que le enseñaran que, aunque venía con la fortaleza de un guerrero de sus vidas pasadas (Nodo Sur Aries), también podía contar con otros.

¿Es fácil? Para nada. Delegar, pedir ayuda, permitirse sentir, hablarlo (tiene la Luna en Géminis en la casa 12; habla de todo menos de sus emociones) no le es natural. Lo cómodo es guerrear, echar para adelante, pensar en ella, en cómo se acomoda, en valerse por sí misma, en tomar decisiones antes de que alguien las tome por ella (que fue lo que pasó cuando salió embarazada) y así.

La otra historia es la de mi amiga Leonor. Ella no tiene los nodos en Aries o Libra, pero es Aries, ascendente Virgo, y en el 2007 pasó un eclipse de Nodo Sur súper fuerte en su ascendente, así que estaba teniendo eclipses en las casas 1-7, que es muy parecido a tener los nodos en Aries - Libra o a que estemos teniendo eclipses de tránsito en esos signos. Muy cerca de ese eclipse, Leonor estaba jugando con su hijo y la patineta nueva. Intentando usarla ella se cayó y se fracturó la cadera. En los meses después de la caída, Leonor no podía ni ir al baño sola y dependía de otros. Fue un proceso muy difícil porque ella es una mujer muy independiente, de las que no avisa a dónde va, de las que se encarga de otros. Aunque el proceso de recuperación fue difícil física y emocionalmente, al año su matrimonio estaba mejor que antes, ya que al fin había permitido que su esposo se sintiera realmente parte de su vida, que tomara decisiones, que la ayudara. Esa experiencia transformadora la llevó a hacer cambios en cómo trabaja, en cómo es con sus hermanas y amistades. Hoy por hoy, Leonor sigue siendo una Aries determinada y emprendedora, pero ha logrado hacer crecer su empresa, logró abrir sedes en otras ciudades y diversificarse creando cosas con su esposo gracias a que ahora cree en su ayuda y aprecia la colaboración.

Primero que nada, hay que reconocer las cosas buenas, las fortalezas que tienen las personas de Nodo Sur en Aries y lo que pueden aportar en el proceso de cambios las personas que están viviendo eclipses de Nodo Sur en su ascendente:

+ Energía de emprendimiento
+ Toma de decisiones
+ Energía de acción
+ Motivación
+ Energía de lucha y superación
+ Reconocimiento del YO y, cuando han hecho trabajo de consciencia, tienen buenos límites de cuidado propio. Para estas personas, el YO no es negociable

Si este es el lugar donde vibran y es lo que aportan, es fácil entender por qué atraen a personas que necesitan más de esto en sus vidas: personas a las que les cuesta tomar decisiones, que no saben iniciar situaciones, que les gusta ser guiadas, que esperan que la fortaleza venga de otros. El detalle está en que los nacidos con el Nodo Norte en Libra y el Nodo Sur en Aries no necesita este tipo de personas, aunque tengan buen *match* con ellas, porque solo refuerzan algo que estos nativos han venido a soltar: la necesidad de hacerlo todo solos, de estar al mando, de tener el control.

Estas personas van a atraer naturalmente y van a crear relación con personas que se dejan mandar. Igual con eclipses de Nodo Sur en su ascendente y de Nodo Norte en su descendente. En estos momentos puede entrar alguien así a su vida y se siente como un *match made in heaven*, puede ser un karmamate, pero el avance solo vendrá si se hacen conscientes de que se necesita equilibrio, aprender del otro e integrar.

A ver, si yo soy Nodo Norte en Libra, y Nodo Sur en Aries, me encantará tener como pareja a alguien que se deje y que me deje mandar, pero eso solo refuerza mi capacidad de liderazgo y mando al punto de que no sé confiar en otros o que no sé delegar y hacer espacio, dar voz a otros. Por eso, solo si me hago consciente de que esa no es la relación para mí o si ambos tenemos voluntad de hacer cambios para yo integrar más de la energía de colaboración y el otro más de la energía de liderazgo, solo estaré dando vueltas sobre mi lección de vida hasta que venga un suceso como el que vivió Leonor, que la hizo cambiar.

Pero también es importante decir que Leonor, aún sin saber que esta era una de sus lecciones de vida, aceptó abrirse.

Hay personas que aunque se les dé una situación para vibrar más con el Nodo Norte y evolucionar, deciden quedarse en su Nodo Sur. Estas personas difícilmente se sienten realmente satisfechas y, en el caso de los nodos que estamos trabajando en este aparte, difícilmente se sienten conectadas auténticamente a otros.

Misión
de vida

La misión de vida de las personas con Nodo Norte en Libra y Nodo Sur en Aries es aprender a ir más allá de sí mismos.

En vidas pasadas tuvieron que enfocarse en ellos por motivos de supervivencia. Muchos libros de astrología kármica hablan de que estas personas fueron soldados en vidas pasadas y eran muy buenos organizando tropas y hasta creando estrategias de ataque. Son personas buenas en ver cuál es el potencial de otros y colocarlos donde tendrán éxito, también saben motivar. Sin embargo, su enfoque en la estrategia, en la función, en preservar el YO les desconecta de otros. Su alma viene con esa fortaleza de lucha, resiliencia, pero alineados con el Nodo Norte sentirán ganas de experimentar la expansión con otros de la mano, de confiar, de dejarse sostener sin caer en dependencias, de permitirse recibir apoyo, de crear estrategias que incluyan el beneficio del equipo, de ser un jugador más que un capitán, de saber que no todo es una competencia.

Con Marte como regente del Nodo Sur deben ver dónde está Marte en su carta y evaluar sus conexiones para ayudarse a revelar la versión más alta de ese Nodo Sur. Por ejemplo: alguien con Nodo Sur en Aries y con Marte en Géminis en su carta natal sería una persona que motiva a otros con palabras, charlas, exposiciones. Su misión sería motivarlos a compartir, a crear equipo, lo que solo podría hacer efectivamente si lo ha experimentado, si está trabajando con su Nodo Norte en Libra.

Con Venus como regente de su Nodo Norte en Libra, las lecciones que le van a despertar a la importancia de crear conexiones vienen de relaciones cercanas, de uno a uno en el amor o proyectos creativos.

Saber dónde está Venus en su carta natal demostrará por signo y por casa cuáles serán las áreas donde se darán las relaciones o el estilo de estas. Por ejemplo, Leonor tiene a Venus en Piscis, así que cuando sucedió ese evento, fue rendirse a que no podía controlar la situación lo que le ayudó a sanar, lo que tuvo como buena consecuencia el florecimiento de su relación de pareja.

Lección kármica

Lo más importante es sanar la resistencia a recibir energía de otros.

Como siempre digo, no es solo amar y ser amado, sino dejarse amar, cosa que no es tarea fácil para estos nativos nodales. El dar los hace sentir superiores, mientras que el recibir los hace sentir que deben. Muchas veces no quieren dar mucho para no incitar a que les den de vuelta y sentirse que quedan en deuda, prefieren evitar que la otra persona pueda pedirles algo en otro momento. Esta tendencia también hace que contengan energía en vez de compartirla y que se guarden emociones y saboteen momentos de conexión para estallar más adelante, cuando menos lo esperan, ante el estímulo más raro. Tarde o temprano su cuerpo termina expresando lo que no se han permitido expresar.

Con Marte como regente de este Nodo Norte, su energía masculina es muy fuerte. Justo conté la parte de la historia de mi mamá sobre la relación con su papá y sus actividades porque habla de su energía masculina. Las actividades masculinas a ella se le daban muy bien, tanto, que decidió estudiar ingeniería eléctrica y electrónica, materia en la que se sentía conectada con su padre y donde no tenía que lidiar con sus emociones. Cuando su papá murió las emociones no procesadas estallaron todas de una vez afectando su salud. Cuidar más de sí con un toque venusino (energía femenina) y abrirse a tener amigas mujeres no le ha sido fácil, pero cada vez lo entiende mejor y se lo permite un poco más. Lo mismo pueden hacer los nativos de esta configuración nodal.

Otra lección que tienen que aprender es que no todo se puede resolver ya, sino que hay procesos con los que hay que lidiar así su solución no sea visible por el momento. Es necesario que trabajen en la paciencia consigo mismos y con otros mientras se van conociendo en la apertura emocional.

Por último, algo que tienen que reflexionar y evaluar estos nativos es la tendencia a crear relaciones "para salir de eso", como para cumplir con el deber ser. Es posible que elijan personas que saben que no van a hacerles temblar las piernas. Es decir, como tienen miedo a abrirse, deciden relacionarse -casi porque toca, pues todos tenemos que relacionarnos- con alguien que saben que pueden manejar o que no va a indagar mucho. Esto no les ayuda a ir hacia su Nodo Norte. Estas personas deben conocerse y atreverse a liberar los miedos en una relación consciente. Abrirse. Eso sí, así estén sanando, se necesitarán grandes dosis de libertad.

Y en el amor...

Las personas de Nodo Norte en Libra y Nodo Sur en Aries tienen mucho que aprender en este campo, lo mismo que las personas que estén experimentando eclipses de Nodo Sur en el ascendente y de Nodo Norte en el descendente. Con estos nodos y eclipses deben trabajar bloqueos de intimidad que nacen de la dificultad de trabajar la intimidad consigo mismos.

Varias cosas pueden dificultar sus relaciones: creencias inconscientes que vienen viajando en su ADN cósmico y que les hacen sentir que si se entregan al amor se están "entregando al enemigo", que la vulnerabilidad es debilidad, que su mayor atractivo es su energía física (en vez de dar atención y aprecio), que la caza debe mantenerse siempre y que jamás deben dar información confidencial de lo que de verdad están sintiendo.

Si están en pareja, es muy posible que esta sienta que el nativo de estos nodos no se entrega completamente o que es difícil que baje la guardia. Es posible que esa pareja le tema al temperamento de la persona con esta configuración nodal y sienta que no pueda mostrarse débil, pues teme ser juzgado(a). Si estos nativos observan su tendencia y tratan de abrirse poco a poco a sentir, si hacen trabajo con su niño interno y se permiten sentir emociones que antes tenían muy guardadas, empezarán a sanar y a moverse hacia su Nodo Norte en Libra.

Cambiar la neuroasociación de que ser fuerte es todo lo que hay, salir de modo supervivencia, cambiar la rutina y ritmo de vida súper acelerado también será parte de su sanación.

Es clave atravesar el miedo que sienten en medio de eso que se lee como "me estoy ablandando y pueden aprovecharse de mí". Por eso es bueno iniciar este proceso con un buen astrólogo, terapeuta o *coach*, esto será una muestra de la confianza que empiezan a tener y que, dentro de todo, les dará seguridad mientras hacen el cambio. Los beneficios no tardarán en hacerse notar y, más que en el 1%, será en el 99% que empiecen a sentir conexión con otros, ganas de colaborar en vez de competir, de compartir en vez de guardar para sí. Dejarán de estar a la defensiva, actitud que viene del miedo del Nodo Sur de "si no cuido de mí, nadie lo hará".

TIPS *para* RELACIONARTE MEJOR SI *tienes* ESTA CONFIGURACIÓN *nodal*

1. Atrévete a relacionarte con alguien que pueda verte realmente y. justo eso, atrévete poco a poco a mostrar más de ti y no solo la fachada de "tengo todo bajo control".

2. Relájate con otros. Deja que ellos, tus amigos, la familia, tu pareja, hagan los planes. Pídeles que te sorprendan. Relájate aún más cuando lo hagan y algo no salga como a ti te hubiera gustado.

3. Comprométete: sé parte de una comunidad. Asiste a las reuniones. No tienes que obligarte, pero sí te hará muy bien saber que eres parte de algo más grande y que otros cuentan contigo y tú con ellos.

4. Cuando haya discusiones en tus relaciones, pregúntate si la solución que encuentras se basa en que solo tú estés bien sin importar el otro y trata de ponerte en sus zapatos.

5. En relaciones íntimas, pregunta qué quiere el otro. No termines el encuentro solo porque tú estás satisfecho.

6. Sé agradecido y aprecia. Desarrolla el hábito de escribir qué aprecias de tu apertura emocional, del otro con quien compartes tu vida o de aquellos que están brindándote soporte.

7. Aprende a dar apoyo al otro, a motivarlo sin hacerle "la tarea".

8. Pide ayuda cuando la necesites. Esto requiere una autoestima saludable, porque solo cuando sabemos cuánto valemos dejamos de sentir vergüenza de pedir ayuda a otros que nos aprecian.

9. Aprecia tus instintos. Los tienes afilados... pero no estás en el *Spartan Race* ni *Mortal Kombat* en tus relaciones. Tus instintos más básicos pueden ayudarte en situaciones competitivas o de peligro, pero estar a la defensiva en tus relaciones puede darte seguridad a ti, pero te separa de los otros más temprano que tarde.

10. Piensa antes de hablar. Aprende a ser diplomático antes de sacar los trapitos de otro a la luz o de llamarle la atención con actitud superior.

TIPS para RELACIONARTE con un(a) nativo(a) DE ESTA CONFIGURACIÓN nodal

1. Este nativo cree que todos operan bajo el mismo manual. Recuérdale que no todos funcionan como él/ella y que otros son más sensibles.

2. Sea que este individuo sea tu pareja, tu hijo, tu mejor amigo, sé "facilitador" para que entienda la importancia de trabajar en equipo, de hacer planes en grupo para aprender o disfrutar, no para demostrar quién sabe más o quién es más hábil.

3. Motívale a llevar su *edge* competitivo donde pertenece: a una maratón, una competencia, un proyecto importante. En la relación es mejor ir de la mano y al mismo nivel.

4. Elógiale, aunque le parezca raro. Enséñale con amor a aceptar cumplidos.

5. Acepta tus errores y abre espacio para que él/ella acepte los suyos. No le enjuicies, ayúdale a entender que es normal, que nos equivocamos y que aprendemos con amor.

6. No toleres malos tratos de esta persona y no le des mucha cancha cuando se llene de humos de superioridad. Por mucho que quieras que esta relación funcione, si el individuo no tiene la iniciativa estará muy cerrado, recuerda que es su mecanismo de defensa.

7. En momentos de discusiones no alces la voz, no le des pie a que lo haga y tampoco toleres malas palabras. Su guerrero interno puede salir en 0.7 nanosegundos, pero este es un patrón de reacción que se puede cortar de entrada. Cuando la relación ya esté avanzada será más difícil hacerlo.

8. Enséñale que el acto de mayor valentía es sentir. El guerrero de verdad lucha por la idea de lo que es, de quien fue. Enséñale que él también tiene inocencia y que no estás en frente para retarle, sino para aprender juntos.

9. Sé auténtico. Si vas con una fachada no estás invitando al otro a abrirse. Este proceso empieza muy inconscientemente, así que de verdad tú también tienes que ser valiente y mostrar de ti, para que el nativo de esta configuración nodal no sienta que tiene que poner una muralla entre los dos o desconectarse de sus emociones.

10. Está bueno que esta persona quiera hacer planes a solas, pero no permitas que sea la norma. Estos nativos tienden a buscar una relación a distancia por conveniencia o prefieren estar con alguien pero mantener una vida independiente. Esto es donde se siente cómodo(a) (Nodo Sur), pero a nivel espiritual no es lo que más le conviene. No tienes que buscar que sean inseparables, pero anímalo a compartir y a crear sueños conjuntos. Esto le hará bien, le ayudará a evolucionar y a aprender a pensar más allá de sí. De esta manera crecerá a nivel personal.

Storytime

Hace algún tiempo estaba en un almuerzo con un autor que visitó la ciudad cuando, para variar, me encontré con El Ruso -¿te acuerdas de El Ruso? Le dediqué un capítulo entero en *El libro de las relaciones*- porque nos movemos en eventos de los mismos temas. Después del final de nuestra relación y el inicio casi inmediato de mi relación con "Ex"-corpio, El Ruso pasó mucho tiempo sin estar de "buenas" conmigo, aun cuando en mi proceso de *detox* de exes le envié una carta reconociendo lo mal que había manejado ese final.

Después de ese almuerzo nos quedamos hablando sobre lo que él estaba haciendo, lo que yo estaba haciendo, etcétera.

En un momento me dijo…

Ruso: Quiero contarte una historia, quizá está buena para tu nuevo libro.

Yo: Bien, soy toda oídos.

Ruso: Cuando terminamos y me enviaste la carta, yo le envié una carta a -vamos a llamarla- "Naty" (una chica que fue su novia antes de mí y con la que duró muchos años) para hacer exactamente lo mismo. Me disculpé, cerré el ciclo. Ella vino a Miami, hablamos, tuvimos un cierre real y fue muy sano. A los cuatro meses empecé a salir con una chica como tú: emprendedora, muy activa, con muchos planes y viajes. Por un lado, me puse el freno porque temía estar metiéndome en lo mismo que me metí contigo; eras difícil de contactar y no tenías tiempo. De entrada lo hablé con ella, le hablé de ti y ella me prometió que eso no iba a pasar, pero pasó. Empezó una serie de viajes, empezamos a desconectarnos y terminamos. Para ese momento yo empezaba a ver a un sanador que trabaja con meditación y ejercicios de respiración y empecé a entender muchas cosas sobre muchas cosas, no solamente de mis relaciones de amor. En conclusión, me di cuenta de que mi punto débil era eso: las relaciones. Luego de seis meses de haber terminado con esta chica, ella regresó y me aseguró que realmente había cambiado y que me lo iba a demostrar.

Pasamos dos meses que sí, que no, porque no lograba abrirme, pero un día el sanador me dijo algo muy simple y entendí todo: "tú la creaste".

Yo: A ver... ¿Cómo así?

Ruso: Así mismo. Yo la creé así como te creé a ti. Todo lo que tenemos en nuestra vida lo creamos, incluso a las personas que están en ella. Y nos relacionaremos con la misma persona aunque de manera diferente y con distinta cara hasta que no nos perdonemos a nosotros mismos y sanemos la culpa de haber errado, entendiendo que eso también era parte del proceso. Cuando ella y yo terminamos de manera parecida a como terminamos tú y yo, empecé ese proceso de perdonarme por todo y entender que aunque mi percepción crea que alguien me hizo mal, desde la perspectiva del infinito no hay culpables: ese alguien ha venido para retarme a aprender. Así que me abrí a las lecciones y a los jugadores porque estamos creciendo todos juntos. La sanación fue tal que unos meses después del cierre Naty se casó. Lo que estaba pendiente entre nosotros nos tenía detenidos y cuando lo resolvimos, cada uno pudo seguir su camino. Cuando yo perdoné a esta chica, y ella regresó, yo no era el mismo. Ella en su energía no podía ser la misma. Yo creé la apertura para su vuelta aún sin pensarlo y sin esperarlo, porque creé una apertura para tener las lecciones que necesitaba tener. Duramos un año y medio (sí, El Ruso y yo podíamos tener fácil tres años sin hablar) y se terminó de manera amigable porque decidimos quedar como buenos amigos, pero fue una relación sana, de crecimiento. Ella realmente había cambiado y sé que tú también has cambiado porque si no, no estaríamos hablando aquí.

Este concepto yo lo sabía: soy creadora de todo lo que pasa en mi vida. Y, de hecho, sé que creo todo a partir de la relación que tengo conmigo misma y, aunque lo que sea capaz de crear quede bien, está empapado de la energía en que estaba vibrando en ese momento y todos, pueden sentirlo.

Poder estar sentada allí con quien sé que es un karmamate, una persona de la que siempre he aprendido, que admiro y respeto, con quien no tengo apego mental, emocional ni físico, me hace sentir libre. Yo sé bien que nuestra alma está cargada de sabiduría y al encarnar pierde muchos de sus poderes y facultades porque depende del "recipiente" en el que encarne. Sé también que si aprendemos a quitarnos de nuestro propio camino ella habla con su magnífica sabiduría y nos guía. Además, sé que mi punto de aprendizaje no son las relaciones, sino callar la mente y lo que eso le hace a mi cuerpo, pero cada vez que he aprendido una lección de alguien que tiene nodos en Aries - Libra o de alguien que tiene los nodos natales en casa 1-7 o transitando por esas casas, las lecciones son así, son de relación y son para vernos muchísimo mejor.

Estaba claro: ni él ni yo somos los mismos de hace cinco años. Al terminar la conversación me puse a reflexionar cuánto han cambiado mis relaciones con personas de siempre y con nuevas personas. Ahora entiendo mejor lo que compartí en ese momento con él: estamos aquí juntos para crecer.

Y no ha sido fácil. Las dos partes de cualquier relación cambian con el tiempo. Pero tenemos que crear puntos de encuentro, alcabalas de chequeo. Si yo inicié una relación con Chloe cuando teníamos 15 años, por ejemplo, y entonces la que mandaba era nuestra nena interna, ambas tenemos que hacer trabajo interno y revisarnos, o si no siempre que hablemos saldrán los mismos puntos de nuestra adolescencia y se reforzarán viejos detonantes. En cambio, si hacemos el trabajo, la relación se va tejiendo y vamos creciendo. Las dos personas no tienen que ir al mismo ritmo, pero sí tiene que haber disposición para construir juntos.

Pasa en relaciones de amistad, pasa en relaciones de amor, pasa en matrimonios de años y pasa hasta con socios: tenemos que saber que creamos lo que vivimos y que somos responsables de crear una nueva historia aún dentro de la historia.

Una vez que asumimos responsabilidad y sabemos que estamos creando, empezamos a entender que no hay por qué gastar tiempo y energía en echar culpas o en resentimientos. Si desconocemos esto, una parte de nosotros permanece pequeña, herida, y crea ruido que detiene el flujo energético para que otras cosas se puedan dar.

Y no, yo no volví con El Ruso ni nada por el estilo. Somos amigos, nos entendemos y seguramente trabajaremos juntos de nuevo en algún proyecto. Que estemos bien significa que él y yo estamos bien con las cosas que estuvieron mal en nuestra relación. Significa que entendemos que lo que estuvo mal en nuestra relación no fue otra cosa que un reflejo de lo que teníamos que sanar en nosotros mismos.

¿Se entiende? Sé que sí.

CAPÍTULO 4

Amarse para ser ama

AXIS TAURO – ESCORPIO
CASAS 2 Y 8

Este capítulo es para:
+ Personas con nodos en Tauro y Escorpio
+ Personas que amen a alguien con nodos en Tauro y Escorpio
+ Personas con nodos en casas 2 y 8
+ Personas experimentando eclipses en casas 2 y 8

do(a)

(Del tener al ser)

# Lado A

- Personas con Nodo Norte en Tauro y Nodo Sur en Escorpio
- Personas con Nodo Norte en casa 2 y Nodo Sur en casa 8
- Personas experimentando eclipses de Nodo Norte en casa 2 y de Nodo Sur en casa 8

# Panorama general

Antes de nacer, las personas nacidas con el Nodo Norte en Tauro y el Nodo Sur en Escorpio "firmaron" un contrato de alma para tener una experiencia humana con gran poder. El Nodo Sur en Escorpio tiene como regente a Plutón y por eso se ven envueltos en asuntos de finanzas, poder personal, mucho magnetismo, pero también finales que les llevan a intensas transformaciones. ¿Tiene que ser así para siempre? No. Les voy a contar un secreto: el signo y la energía del planeta que rige nuestro Nodo Sur nos seduce a nosotros. Dicho de otra manera, estos nativos con el Nodo Sur en Escorpio desean la transformación, desean circunstancias extremas, es lo que vivieron en la vida pasada. Esto quiere decir que el antídoto es alimentar su Nodo Norte para poder tener balance en sus vidas. Si este nativo empieza a poner su vida material en orden (trabaja en su valor personal y su autoestima, termina con situaciones de autoabandono, cuida de su cuerpo, se nutre mejor, busca momentos de paz y de estímulo de los cinco sentidos), dejará poco a poco el apego -muchas veces no consciente- a situaciones que le llevan al extremo.

Este nativo se mete en profesiones y relaciones muchas veces por un lazo de trauma. ¿Sabes qué es eso? Te lo explico con un ejemplo:

¿Te ha pasado alguna vez que conociste a un(a) amigo(a) que, como tú, estuviera pasando por una ruptura y se hicieron BFF instantáneamente porque ambos estaban en lo mismo? Eso es un lazo de trauma. Nos gusta porque nos hace sentir identificados y acompañados, pero si no está guiado de manera consciente puede ser un lazo que nos estanca en la misma situación por mucho tiempo. Bueno, los nativos de esta configuración nodal tienden a escoger personas y situaciones que hacen click con traumas fuertes y que además tienen que ver con cosas que vinieron a superar.

Algo que tienen también estos nativos es hambre de dinero y poder, entonces escogen a alguien para estar en una relación que tenga mucho dinero o que no tenga nada, para dárselo. En una situación el nativo de esta configuración nodal quiere adquirir y en la otra se siente superior al otro. Esto es solo un ejemplo y puede que no esté MUY marcado en alguien que nació con Plutón en Leo, pero sí muy marcado para los que nacieron con estos nodos y también con Plutón en Escorpio (generación de 1984-86). Les recuerdo que es importante notar qué está haciendo el planeta que rige cada nodo.

Misión de vida

Esta configuración nodal también le da a estos nativos muchos dones en esta encarnación: un espíritu guerrero, la capacidad de pasar por cosas difíciles y de apoyar a otros que están pasando por lo mismo. Tienen sabiduría y buena intuición sobre cómo funcionamos los seres humanos, pueden ver potencial donde otros no lo ven y también tienen facilidad (si le entran al tema y se entrenan) de crear abundancia material por su cuenta o por asociación.

Tampoco he hablado de cómo estos nativos deben moverse hacia el Nodo Norte en Tauro, así que llegó el momento. La misión en la vida de estos nativos es reconectar con su valor, más allá del valor personal, con el valor de ser un espíritu encarnado y con una luz propia que pueden dar a otros. Por eso pasan por tantas pruebas que tienen que ver con dinero y por relaciones en las que limpian huecos del ego que les impiden conectar con la llama más refinada; porque son pura pasión. Pero si se quedan en la mente humana esa pasión puede irse a juegos de manipulación, a tener muchas parejas sexuales o muchas inversiones de dinero que, sin embargo, les dejarán un vacío. Pero si entienden que todo eso tiene un lado positivo, si no se esconden cuando las pruebas se presentan y se preguntan qué hay que aprender realmente de ellas, estarán llegando a sus respuestas.

Lo más puntual que puedo decir sobre su misión es que, sea cual sea su propósito (hay que revisar la carta completa de cada quien para saber eso), encarnaron para encontrar paz, para dejar ir la inclinación a intensidades que se convierten en obsesiones, porque estas serán su ruina. Cada obsesión o tendencia desmedida a una pasión debe convertirse en un recordatorio de que merecen otra experiencia, de que merecen situaciones que los llenen de vida, no de sufrimiento, aunque en él se sientan "en casa". Deben enfocarse en encontrar y conectar con lo que les nutre, lo que les recuerda su valor, lo que sin esfuerzo les da la bienvenida y les hace sentir que pertenecen.

Así, lo que vinieron a experimentar en esta encarnación es una versión de amor propio y de amor hacia otros que de hecho les dé paz, una paz que puedan, incluso, llevar a otras vidas.

Para estos nativos es difícil discernir cuando una situación intensa es catalizadora o solo es una repetición más. Es simple: ellos van como abeja a la miel a las situaciones de pasión. Si una vez allí escuchan una su voz interna y se establece una sensación de "estoy ganando control", es una situación de repetición. Cuando en un cuerpo reina la vibración del control no hay chance para que la vibración de expansión tenga lugar. Se hace necesario entonces observarse y recalcular.

Conectar con la tierra, caminar con los pies descalzos y pasar más tiempo con la naturaleza les viene bien. Deben poner su estabilidad física, emocional y mental como prioridad. No deben quedarse en situacio-

nes que están a un punto de desgaste y daño, sino crear situaciones sostenibles a lo largo del tiempo, más que pasiones que se consumen rápido.

Lección kármica

La persona con Nodo Sur en Escorpio y Nodo Norte en Tauro tiene que aprender a apreciar y a valorar lo simple, a soltar el afán por lo complicado.

Obviamente no puede obligarse, pero sí puede observar situaciones duras que le han dejado lecciones y seguro encontrará que uno de los mensajes de la misma fue ese: lo simple puede sentirse profundo, lo cotidiano puede representar placer y no todo lo que vale la pena en la vida hay que lucharlo a muerte.

Como yo lo veo, hay dos maneras de manifestar lo que queremos en esta experiencia humana:

+ Agitando nuestras alas sin buscar mover un grano de arena de un centímetro a otro.

+ Trabajando adentro, en nosotros, conectando con nuestro valor. Yogi Bhajan (maestro del kundalini) decía que es mejor sentarse y esperar que todo venga a uno. Y sé lo que vas a decir: "Ese señor Yogi no tiene que trabajar y proveer". Te entiendo, pero a lo que esto se refiere es a que podemos dejar claros los términos de una negociación en dos reuniones en vez de hacer 60 llamadas, podemos dejar claro qué queremos en una relación desde el inicio porque sabemos para qué estamos y para qué no, etcétera. Conocernos, valorarnos, hace todo más simple. De esa manera podemos usar mejor nuestro tiempo, nuestra vida.

Entonces... ¿qué hay detrás de la búsqueda de drama e intensidad de los nativos con esta configuración nodal?, ¿por qué se sienten más vivos cuando están atravesando circunstancias que otros vemos indeseables?, ¿por qué siguen contando la historia del reto, la caída y la perfidia muchos años después?, ¿por qué crean absolutos después de sus experiencias, tipo "yo nunca", "nunca más", "yo siempre"?

Lo que hay detrás de ese *rush* de esas experiencias fuertes es eso: se sienten poderosos, invencibles, porque como ave fénix se levantaron una vez más. Y, esto tiene su lado bueno: son excelentes personas para acompañar y entender cuando algo muy denso te está pasando o cuando estás a punto de empezar un entrenamiento fuerte de cualquier tipo. También te ayudan a creer en ti al punto de que te hacen sentir inmortal, pero vivir en estos ciclos de muerte y renacimiento es agotador no solo para ellos sino para quienes les acompañan en sus vidas, y vale mencionar que si uno comparte su vida con ellos de repente les entran unas ganas de cambiar todo, pero no al estilo Urano que es energía de reinvención, sino al estilo de blanco a negro y sin vuelta atrás.

Mi amiga Carito tiene estos nodos. Cuando tenía 23 años iba a casarse, tenía invitaciones y todo. Pero la boda se canceló una semana antes. Días después decidió irse de la ciudad donde vivía. Diez años más tarde fue más lejos: inició su vida con alguien de manera formal y todo terminó luego de seis meses, lo que llevó a separación de bienes y más. Era la misma experiencia, pero como dice Freud "la repetición engaña". Como era otra pareja, otra ciudad, otra edad, iba a ser distinto. Al final ella pudo identificar lo que se repetía: iniciaba y llevaba (casi) hasta "el final" una relación con alguien que desde el inicio sabía que no era para ella.

Guerrero tiene también estos nodos. Lo reclutaron de 14 años y se alejó de su familia para entrenar. Nunca más volvió a casa. Ha triunfado, pero ha caído también. La última vez que cayó se paró y se dio cuenta de que toda su energía estaba puesta en su profesión y de que todas las otras áreas de su vida estaban cayendo. Pensaba que no importaba porque se levantaría de nuevo y volvería a ser lo más en su profesión.

Cada caída es una búsqueda de equilibrio. En algún punto la repetición nos pone un pare, pues eso no fue lo que vinimos a vivir. No vinimos a estar en *loop* con las lecciones del Nodo Sur. Usualmente varios golpes acumulados o una gran prueba nos hacen buscar la luz, buscar el Nodo Norte que al estar en Tauro y tener a Venus como regente indica que estos nativos tienen que aprender a darse el permiso de disfrutar, pero no una noche o un fin de semana: tienen que aprender que la vida también se vive en las pequeñas cosas.

Para empezar, tienen que aprender a valorarse y saber qué valoran.

Si empiezan esa tarea al tiempo que van desmantelando por qué les seduce tanto el trauma, van a empezar a sanar, pero también deben saber que se presentará "el fantasma".

¿Qué es el fantasma?

Si yo, por ejemplo, estoy acostumbrada a tener eventos excitantes todos los días de mi vida, casarme y ser ama de casa puede resultar un castigo para mí. De la misma manera estos nativos no tienen situaciones apasionadas o intensas todos los días, pero sí muy seguido. Tienen pasiones, tienen amantes, buscan parejas muy apasionadas, proyectos excitantes o que envuelvan investigación, riesgo y constante dedicación. Si no, tienen *hobbies* que pueden llenar este vacío. Cuando estos nativos empiezan a despertar, puede ocurrirles que quieran volver al pasado. Por ejemplo, alguien decide que en lugar de buscar una relación con alguien ansioso o apegado empezará a buscar alguien que "quiera todo bien". En un principio puede funcionar pero es posible que rápidamente se aburra. Por eso hay que estar alerta: si estos nativos no han despertado del todo, el fantasma aparece y les seduce a buscar lo que tenían en su pasado.

Esto no quiere decir que no pueden sanar o mejorar.

TIPS para RELACIONARTE mejor si tienes ESTA CONFIGURACIÓN nodal

1. Edúcate en cuanto a psicología, análisis o conducta humana. De tu vida pasada traes sabiduría en esas áreas, pero si no te educas, tus "instintos" pueden jugar en tu contra. Crees que lo sabes todo de alguien y te pasa que crees que le puedes salvar o piensas que jamás te va a dar la vuelta y ¡vuelta! Eres muy bueno leyendo a las personas, pero hasta que te conozcas tú, lo que ves en los otros es a ti mismo. Eso nos pasa a todos pero para ti es definitivo: lo que ves y lees en los demás es lo que crees hasta el final.

2. Trabaja el miedo a la intimidad y pregúntate por qué lo tapas con sexo muchas veces. Sexo no siempre es intimidad. Las personas con estos nodos tienden a tener sexo para no intimar o intimar con personas con las que no se sienten conectados sexualmente. También está la tendencia a reprimir emociones y desquitarse con el cuerpo, después de todo, el Nodo Sur en Escorpio también responde a Marte. Este trabajo debe ir de la mano de un terapeuta.

3. Aprende a apoyar a tu pareja en su desarrollo sin tener que ser el *coach* todo el tiempo. Reconoce que él o ella puedan encontrar su manera y que esta no tenga que ser atravesar una tormenta... como te gusta a ti.

4. Aprende a ponerte límites para administrar mejor tus recursos y disfrutar más las cosas.

5. Trabaja tu autoestima y valoración. ¿Te pasa que crees que nadie es lo suficientemente bueno o apasionado para estar contigo? Cuando aprecies otras cosas de ti que no tienen que ver con el Nodo Sur te desestancarás y disfrutarás más las relaciones con otros y la luz en ellos, la cual no puedes ver hasta que no veas la luz en ti.

6. No vivas de tarjetas de crédito o de préstamo en préstamo. Sé muy consciente con tu dinero y posesiones.

7. Ten estabilidad financiera y relaciones con personas que no dependan de ti. Habrá juegos de poder si el dinero es un asunto de desbalance o juicio en ti o con otro.

8. Aprende sobre finanzas. Lo bueno del Nodo Sur en Escorpio es que traes esa información de vidas pasadas, así que toma clases, asesórate y pon a valer lo que tienes.

9. Cree en tu talento en vez de medirlo únicamente por las pruebas duras que pasas.

10. Medita. Necesitas crear calma y serenidad en tu vida. Es algo que te enseñará a apreciar lo que ya tienes, en vez de desatar la mente voraz que en su apuro siempre quiere más.

11. No conviertas la química sexual en una obsesión. Cuando te veas buscando pasión fuera de tu relación o creando juegos de seducción o manipulación, considera trabajar tu sombra con un terapeuta de niño interno. Usualmente estos impulsos tienen que ver con situaciones no resueltas de cariño cuando eras niño. Busca una terapia que te ayude a trabajar episodios de autoabandono o de traición a tus valores.

12. Nota si encuentras un gozo morboso en momentos difíciles o dolorosos, si sientes que estos te dan una falsa sensación de propósito (ejemplo: llenarse de trabajo para sentirse productivo). Tus vidas pasadas estuvieron cargadas de experiencias de este tipo y al estar en ellas, tienes un sentimiento de familiaridad. Sin embargo, eso no fue lo que viniste a experimentar en esta encarnación, sino una versión de amor propio y de amor en relación con otros que de hecho te de paz.

TIPS para RELACIONARTE con un(a) ativo(a) DE ESTA CONFIGURACIÓN nodal

1. Enséñale que también puede atravesar procesos y bloqueos sin caer en estado de contingencia o de alarma.

2. No juegues ni cedas cuando sabes que la situación está siendo manipulada.

3. Asegúrate de que él/ella maneje bien su dinero y tú maneja bien el tuyo. Que en la relación no haya codependencia monetaria es lo mejor con estos nativos.

4. Más que permitirle pagar por ti algo para que desarrolles tus planes y talentos, déjale claro que quieres que esté presente y que comparta contigo los pequeños avances en el camino.

5. Dale detalles simples pero cargados de significado.

6. Si hay muestras de posesividad ve piano, piano a ver si es una tendencia que puede sanarse, porque estos nativos pueden llevarla al extremo. Para crear una relación consciente es importante dejar claro que son compañeros, que uno no es dueño del otro.

7. No caigas en juegos de "todo lo que he hecho por ti", no lo digas y no permitas que él/ella lo diga.

8. Si él/ella está en una de sus crisis (le acaban de botar de un trabajo, acaba de terminar un matrimonio, etc.) puede que seas una de sus "parejas de crisis". La diferencia la haces tú. Pon límites, dale tiempo y espacio, que trabaje su situación. Eso sí, puedes enseñarle que la situación no tiene que ser un drama, que puede manejarla de manera educada, lo más civilizadamente posible. Eso le dará apoyo y una visión fresca de la vida.

9. Déjale claro cuáles son tus valores, lo que valoras y, sobre todo, cuánto te valoras. Si tu autoestima no está fuerte, esta relación tendrá la tendencia a consumirte.

10. Enséñale a expresar sus emociones. Esta puede ser una de las tareas más duras porque tienden a ser muy reservados, pero hazle sentir seguro hasta que, poco a poco, se vaya abriendo.

11. Maneja las discusiones de dinero con guantes de seda.

Storytime

"Yo te voy a ver donde estés", la Verdad, Yo No Le Creía.

DIJO GUERRERO.

Después de la famosa ruptura amorosa con Escorpio (ahora "Ex"-corpio), la cual protagonizó *El libro de las relaciones*, después de todo ese drama, bailé un rato con la ambivalencia y con la falta de fe en el amor, hasta que conocí a Guerrero. No podría llamarle de otra manera. Este viene a ser un chico que me contactó para una sesión de *coaching* porque se estaba preparando para una etapa muy importante en su trabajo. Aparte de ser *coach* de entrenamiento y *coach* de negocios, también quería trabajar su lado espiritual.

En ese momento yo no estaba dando citas, así que conversamos por teléfono. Le dejé claro que no podía atenderlo personalmente al momento y le recomendé unas herramientas para lo que quería mejorar. Me asombré al ver la forma en que este Piscis era como un tiburón y lograba manifestar cosas prácticamente de la nada.

Él, astutamente, se fue por otro lado y supo llegar a mi corazón. Después de correos y muestras de admiración, encontré que su historia era fascinante y que yo también admiraba su trayectoria. Cuando vi su carta y vi a Plutón al lado del Nodo Sur en Escorpio me interesó aún más, pero igual no me hice ideas porque sé muy bien cuánto me encantan los complicados.

Al mes y medio de esta faena de correos, me dijo: "tendré dos días fuera de entrenamiento y quiero verte". Le dije "bueno, yo estaré viajando con un grupo de amigos. Si te encaja bien, pues ven".

Aunque el día del viaje se acercaba y yo estaba súper emocionada por la reunión anual que tengo con varios amigos en algún destino emocionante, no quise hacer bulla sobre la posibilidad de que Guerrero fuera. En mi mente eso no iba a pasar. La única que sabía de eso era Chloe porque nos íbamos juntas en el avión y conocía un poco la historia.

5:01 a. m. Pasé a buscar a Chloe en un Uber hacia el aeropuerto.

Chloe se montó, me miró, me dijo: ¿y así vas a ver a Guerrero?

Yo: eh... yo no creo que eso suceda.

Pienso: ¿En verdad este chico saliendo de entrenamiento vendría a pasar un fin de semana con mis amigos de la infancia? No lo creo.

6:36 a. m. ¡PIN! (mensaje de WhatsApp).

Guerrero: Señorita, ya estoy en el aeropuerto, yo vuelo antes, nos vemos en un par de horas.

Yo: Me da algo, Chloe. Este tipo dice que ya está saliendo para allá.

Chloe y yo nos montamos en el avión y las horas pasaron volando. Aterrizamos, me cogió la señal y ¡PIN!, mensaje de WhatsApp:

Guerrero: Aquí dice que tu vuelo llega a las 10:11. Ya estoy aquí, avísame que llegaste.

(Está en línea, ¡me vio en línea!)

Yo: Llegué *(emoji)*.

Él: camina hacia donde buscas las maletas, camina un poquito más.

Chloe: Chaaaama. No me digas que ESO es él.

Yo: Yeezus. Es más alto de lo que pensaba, más bello de lo que imaginaba y además se acordó de la vez que mencioné que me gustaban los *pretzels* de esta ciudad.

Guerrero estaba con una bolsa de *pretzels* en la mano y midiendo casi tres metros con un *vibe* tan fuerte que hasta Chloe estaba temblando.

Yo: ¡Hola!

Él: señorita, acá están los pretzels que usted tanto quería. Vengan que las ayudo con las maletas.

Chloe: yo me voy a ver a los otros que ya deben estar en el hotel.

Guerrero y yo nos fuimos a desayunar y allí empezó a contarme mucho más de su historia, de su niñez.

Verán, él nació con el Nodo Sur en Escorpio y el Nodo Norte en Tauro. Estas personas tuvieron una vida pasada de entrega, de procesos de transformación muy fuertes y en esta encarnación tienen que aprender a darse valor, a no depender y a trabajar para no elegir de manera inconsciente procesos de sufrimiento.

Toda su infancia estuvo preparándose para quien era ahora, toda su adolescencia fue de sacrificio y hasta ese momento, y hasta, que yo abrí la boca, seguía sacrificando partes de él que necesitaban expresión. Pero él estaba completamente enfocado en trabajo, basando todo su valor personal en su desempeño.

Unos meses antes de conocerlo, una de mis mejores amigas estaba hospedando en su casa a una señora que "ve cosas". La meta de la cena no era que la señora "viera cosas" y nos dijera. Para nada, de hecho, ella habló muy poco. Sin embargo, ya casi al final de la noche, cuando estábamos recogiendo los platos, me tomó de la muñeca, me miró a los ojos y me dijo el nombre de este chico.

N: ¿Lo conoces?

Yo: No, no conozco a nadie con ese nombre.

"Lo vas a conocer", dijo, mientras se tocaba la cabeza con el mismo gesto que Guerrero se tocó la cabeza la última vez que hablamos. "Él va a llegar y va a ser un espejo muy fiel de quien ya no eres. Tiene muchos escalones que bajar, que despojarse de quien creía ser para ser quien en verdad es. ¿Estás dispuesta a acompañar?".

Cuando N paró de hablar sentí un rechazo, como "esto está muy raro. ¿Para qué entraría yo en conexión o relación con alguien que tiene estas pruebas tan duras por delante?", me dije, refiriéndome a ciertas cosas que ella me dijo que aquí no vale la pena profundizar.

Y, sin embargo, ocurrió. Cuento esta historia porque, aparte de la conexión romántica, Guerrero y yo tenemos una conexión muy rara a un nivel que aún no entiendo. Quizá no tengo que meter la mente ahí, quizá no tengo que entender. En el tiempo que estuvimos juntos nos dejamos dos veces, cada vez que volvimos lo hicimos con más fuerza. Hasta teníamos sueños que revelaban lo que al otro le estaba pasando. La última vez que regresamos fue porque, después de pedirle que no me buscara más, me envió un mensaje solo como para ver cómo estaba yo y esa noche soñé que algo "malo" le había pasado y en efecto así fue. Cuando le conté a Chloe me dijo "no quería decirte pero sí, salió en todos lados que le pasó X cosa y que está mal", así que busqué la reconexión.

La relación fue bonita y tan llena de excitación como puede ser el vínculo entre dos personas con varios planetas en Sagitario (solo para satisfacer a curiosos de la astrología, él tiene el Nodo Sur en Escorpio en el grado 6, justo donde está mi Venus junto a Plutón). Sin embargo, él estaba iniciando un descenso al mundo de sus sombras que sé que le va a tomar mucho tiempo. Yo misma experimenté eso dos años antes y tengo una buena idea de lo que conlleva. No creo que yo fuera la persona adecuada para llevar ese proceso de la mano con alguien que no está listo para ver su poder de transformación y que no quiere soltar la actitud de "amo las situaciones intensas donde tengo que probarme una vez más". Sé que lo va a pasar. Sé que usará lo bueno de su Nodo Sur para impulsarse al Nodo Norte en Tauro, pero quizá será cuando tenga su retorno nodal exacto, a sus 37 años. Seguiremos informando...

Lado B

+ Personas con Nodo Norte en Escorpio y Nodo Sur en Tauro
+ Personas con Nodo Norte en casa 8 y Nodo Sur en casa 2
+ Personas experimentando eclipses de Nodo Norte en casa 8 y de Nodo Sur en casa 2

Panorama general

Para ilustrar las generalidades de esta configuración nodal, quiero contar la historia de Mario un hombre que asistió a un evento que hice porque su novia le había comprado la entrada. Una semana antes terminaron y él decidió ir de todas maneras porque le parecía interesante.

Cuando empecé las clases, Mario estaba de primero y ponía caras que yo conozco, de no entender y de que le hace chiste mi manera de explicar. Cuando empezamos a buscar los nodos le pregunté: ¿sabes qué son los nodos?

Me dijo: "ni idea, pero esto está buenísimo".

Le ayudé a buscar los nodos y encontramos que tenía el Nodo Sur en Tauro y el Nodo Norte en Escorpio. Esto quería decir que es una persona que sabe trabajar su valor, sabe hacer dinero y adquirir posesiones, pero puede ser muy apegado, siendo eso su talón de Aquiles para entregarse.

En el evento se dio cuenta de que su ex, a quien no había olvidado, tenía los mismos nodos pero inversos y que ella le había dado la gran lección de que acumular posesiones no es nada sin entrega y propósito. Algo que ella, con el Nodo Sur en Escorpio, traía de vidas pasadas.

Cuando expliqué su configuración nodal Mario casi saltaba (y era un señor muy alto y muy grande) como niño chiquito diciendo "¡no puede ser! ¡Ya entiendo! ¡Entiendo todo!". Le gustó tanto que hizo una parte del recuento del evento, contando cosas que ha vivido y que jamás había entendido por qué se repetían. A él lo habían secuestrado varias veces por sus posesiones y había tenido grandes negocios que al cabo de un tiempo habían resultado en grandes pérdidas.

Esto no quiere decir que sea peligroso o trágico tener el Nodo Sur en Tauro, pero si Tauro tiene que ver con posesiones materiales, ponerlas como lo más importante en esta encarnación, cuando Tauro es Nodo Sur, trae lecciones kármicas para que la persona pueda inclinarse en trabajar su Nodo Norte en Escorpio y evolucionar. A Mario, por ejemplo, esta serie de eventos desafortunados le hizo despegarse mucho de lo material, le llevó a lucir más simple, nada pretencioso y a usar sus recursos para ayudar a otros.

Misión de vida

Los nativos de estos nodos o aquellos que en este momento están teniendo eclipses de Nodo Norte en su casa 8 y de Nodo Sur en su casa 2 tienen que aprender a relajarse en cuestiones materiales, a desapegarse de lo material. Y se van a dar situaciones que les llevan a eso, mientras van aprendiendo a confiar en su poder personal como fuente de energía y enlace con su potencial.

Con el Nodo Sur en Tauro, en su vida pasada aprendieron a manejar dinero, situaciones que tienen que ver con posesiones y propiedades. Aprendieron a no depender de otros, a acumular objetos y eso les daba sensación de seguridad.

Pero con el Nodo Norte en Escorpio encarnaron para ir profundo, para encontrar valor en la entrega, en compartir a nivel íntimo sin miedo a la pérdida, porque no hay entrega real si la estamos midiendo con cosas materiales.

Puede que en vidas pasadas aceptaran estar con alguien por conveniencia, pero en esta vida, por más que intenten, no podrán. Necesitan relaciones verdaderas, no superficiales. Necesitan sentir conexión y también profundidad por encima de intensidad, porque ese Nodo Sur en Tauro les hace querer algo real y sostenible. No hay nada malo con eso. Es muy posible que tengan varias experiencias de relaciones cortas y apasionadas que, por contraste, les demuestren lo que de verdad quieren... para siempre.

Es importante que en esta vida dejen de evitar las situaciones que le harían empezar de nuevo, que le llevarían a una intensa transformación. Por ejemplo: dejar que una relación se termine, porque saben que tendrán que empezar desde cero otras áreas de su vida, derrotaría su energía vital. Evitar un proceso en terapia porque es "mirar muy profundo y mejor ir medio dormido por la vida" tampoco es positivo para nadie, pero en especial para estos nativos. Conocerán su potencial y su gran fuerza de transformación al aceptar estas situaciones.

También pueden ir entrando en las aguas de su Nodo Norte investigando sobre temas que les gusten, mejorando su conexión espiritual con meditación trascendental o prácticas que les ayuden a hacer consciente de lo no consciente.

Profesiones como nutricionista, cirujano, psicoanalista o analista financiero les darán placer y satisfacción que no imaginan porque se trata de ir profundo con en un tema, analizar datos, llegar al centro del asunto y su Nodo Norte tiene mucho que ver con eso.

Lección kármica

Tanto los nativos con Nodo Norte en Tauro y Sur en Escorpio, como los de Nodo Norte en Escorpio y Sur en Tauro encarnaron para tener experiencias fuertes, de gran contraste en esta vida. Son personas con una capacidad enorme de amar y de manera muy apasionada, pero el dinero, las posesiones y el sentido real de valor son cosas que se interponen en su camino y le presentan grandes pruebas hasta que aprenden a amarse tanto que respetan el valor de cada ser viviente.

Tienen que aprender a darse estabilidad emocional, a usar lo material como lo que es: una base, pero no el fin ulterior.

Una vez que investiguen los motivos que les llevan a escudarse en situaciones de dinero, en relaciones que no son valiosas o en llevarse a situaciones intensas y repetitivas empezarán a sanar.

Escorpio es un signo con varios símbolos: está el alacrán, está la culebra, está el águila y por último el ave fénix. Una persona que tiene Escorpio fuerte, como estos nativos nodales, o alguien que tiene eclipses de Nodo Norte en casa 8, pasará por cada etapa: al principio bailarán con su poder, creyendo que deben usarlo para defenderse, pero luego aprenderán a usarlo como sabiduría que les guía y les lleva a incluso presentir las cosas, podrán ver hasta el más mínimo movimiento, sobrevolar las pasiones bajas y no perturbarse porque saben que su poder de transformación debe ser usado para guiar a otros. Por último, como su mayor acto de servicio al mundo, renacerán de las cenizas y se levantarán con mucha fuerza de situaciones que otros ven como en extremo difíciles.

Uno de los trabajos más importantes que tiene la persona con este axis nodal es el trabajo de la sombra: hacerse conscientes de quienes son, de lo que proyectan en otros, ser capaces de notar cuándo son el miedo o los condicionamientos que están llevando el *show*, etcétera. Parte de la tarea de tocar la energía de un Nodo Norte tan poderoso como es el de Escorpio es permitirse un despertar que les hará entender que manejan demasiada energía y tienen que aprender a darle sentido. Deben comprender que no pueden caer en la comodidad y evitar el inicio de una transformación porque su proceso ayudará a muchos. Este entendimiento les llevará a una aceptación que desatará su fuerza con amor y compasión, que los impulsará a asistir a muchos otros durante procesos de parto -figurativamente hablando- y que todo esto los llevará a alcanzar la paz que viene de dejarnos de resistir y abrirnos a vivir nuestra misión de vida.

Coaching Session...
¿CÓMO TRABAJAR TU SOMBRA?

Hay mucha sombra que trabajar para los nativos de este Nodo Sur en Tauro que buscan la comodidad, acumular, apego y posesión. Aquí algunos *tips* para trabajar tu sombra:

+ Recuerda que "no estar apegado a algo es estar consciente de su valor infinito" (Shunryu Suzuki).

+ Nota tu tendencia a evitar los procesos de transformación volviendo al "mejor malo conocido", o a viejos patrones.

+ Nota tu resistencia a soltar, tus ganas de poseer y pregúntate qué tan esclavo eres de lo que posees. Nota cómo acumular dinero o posesiones evita que tomes experiencias de transformación.

+ Nota cómo en temporadas de eclipses pierdes cosas que en verdad no necesitas, que no te hacen más o menos, pero con las que sentiste identificación o que te daban cierto estatus.

+ Nota si tienes tendencia a elegir amistades y parejas tranquilas y predecibles porque no presentan reto para ti, pero entonces tampoco hay crecimiento allí.

+ Trabaja el miedo a perderlo todo. Esta es una tarea bien difícil, porque todos, pero sobre todo tú, sentimos miedo a perder lo que amamos. Trabajar ese miedo nos pone en un lugar de vulnerabilidad que nos invita a apreciar y respetar a quienes están en nuestras vidas y, sobre todo, nuestro tiempo en esta encarnación.

+ Aprende de tus sombras: lo que amas en otros es tu sombra positiva, lo que no te gusta y te choca, generando emociones fuertes en ti, es tu sombra negativa. Al entender esto dejan de ser sombras inconscientes y las traes a la luz, llevándote a mirar adentro y a transformar aspectos de ti. Este proceso también te ayuda a fortalecerte y no temer cuando otro parece estarte llevando a un proceso de transformación. Empiezas a entender que lo has escogido, quizá de manera inconsciente como catalizador, para ponerte en contacto con quien en realidad eres o lo que está en potencial dentro de ti. Lo peor que puede pasarle a alguien con el Nodo Norte en Escorpio es no estar consciente o en contacto con su potencial y energía de chamán; dar vueltas toda su existencia proyectando y luchando. Por eso, nota las sombras, suelta tus defensas y date cuenta de que el enemigo nunca es el otro, sino las partes que no asumimos de nosotros.

TIPS para RELACIONARTE mejor SI tienes ESTA CONFIGURACIÓN nodal

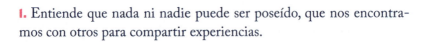

1. Entiende que nada ni nadie puede ser poseído, que nos encontramos con otros para compartir experiencias.

2. Comprende que el dinero no compra el amor. Podemos impresionar con lo que tenemos, pero la verdadera impresión en el alma tiene que ver con lo que somos capaces de sentir cuando estamos juntos y el trabajo de evolución que podemos hacer de la mano.

3. Aprende a compartir. Aprende a trabajar en equipo. Aprende a confiar en otros así empieces delegando algunas tareas pequeñas.

4. Aprende a usar tu intensidad y pasión en algo que sea positivo y que te dé energía de vuelta.

5. Es súper importante que trabajes en tu vida espiritual y en rituales diarios que te mantengan conectado con lo que es real, solo tú eres real, tu energía, tu misión, no el 1% o el mundo tangible. El canto de mantras o sonoterapia te caerá muy bien.

6. Entiende y aprende que todos tienen valor y tienen sus valores. Cada persona con quien sientes intenso contraste o admiración tiene un valor único en tu vida y se ha presentado para enseñarte que vales mucho más de lo que crees o lo que usas como regla de valoración y es externo.

7. Personas con Escorpio fuerte: en Sol, ascendente, Luna o con Juno en Escorpio son espejos expansores para ti. Para aprender lo bueno y lo no tan bueno, ábrete a la experiencia con estas personas.

8. Acepta las enseñanzas de otros. Una de las lecciones de tu vida es aprender a ver el valor en lo que otros tienen para ofrecer y abrirte a la experiencia. Notarás que el detalle más mínimo, por ejemplo la flor que te regala un niño desconocido, es lo que tiene un efecto catalizador para tu alma.

9. Deja de usar lo material, el consumo, las compras, para tapar vacíos y urgencias emocionales. El proceso de aprender a llenar vacíos con gran humildad es una de las lecciones más importantes para ti en esta encarnación.

10. Recuerda este mantra: *asato ma sadgamaya tamaso ma jyotirgamaya mrtyorma amrtam gamaya om shanti shanti shanti* (llévame de lo irreal a lo real, de la oscuridad a la luz, de la mortalidad a la inmortalidad. Paz, paz, paz). Brhadaranyaka Upanishad — I.iii.28

TIPS para RELACIONARTE con un(a) nativo(a) DE ESTA CONFIGURACIÓN nodal

1. Entiende que esta persona está aprendiendo sobre su valor en el mundo y a dejar atrás patrones de codependencia, relaciones donde hubo juegos de poder. Esto quiere decir que si tú no estás listo(a) para enfrentar tus asuntos más difíciles, tendrás que enfrentarlos al estar en relación con esta persona que, además, gusta de relaciones serias, no de juegos.

2. Esta persona necesita estabilidad y puede que tarde en entender que esta no es negociable, que la necesita para llevarse a grandes retos. Eso sí: estabilidad, no comodidad. Invítale a salir de su zona cómoda, invítale a sentir.

3. Esta persona ama los placeres... ¿y quién no? Lo sé, pero estos nativos saben manifestar casi sin esfuerzo situaciones cómodas. No digo que encarnaron para vivir situaciones incómodas, pero son esos procesos difíciles los que abren la puerta para sí y para muchos otros por su ejemplo. Apóyale y motívale cuando está en una de esas situaciones.

4. Valora su lealtad, su dedicación y su capacidad para quedarse en un lugar real o emocional hasta ver resultados, pero ayúdale a ver que no toda situación es buena para quedarse. En muchos casos lo mejor que se puede hacer es dar final a algo insostenible para poder transformarse y evolucionar.

5. No permitas que en la relación, lleve una situación en la relación hasta el desgaste. Reconozcan sus posiciones, lo que valora cada uno, y cuando baje la terquedad, recuerden que están en una relación para

hacerse mejores. El desgaste es su especialidad, así como la terquedad, pero no habrá avance sino estancamiento.

6. Hazle evidente su tendencia a llevar el foco a sí mismo(a) la mayoría de las veces. Tener el Nodo Sur en Tauro es venir de vidas pasadas donde la persona tuvo que declarar lo que era suyo, marcar su territorio y sus pertenencias, y para eso tenía que marcar territorio. Cuando este nativo se siente inseguro empieza a hacer lo mismo, se cierra a compartir o a entregarse y empieza a enfocar todo, todo, todo en sí. ¿Cómo tratamos a los niños cuando están en esa fase? Tenemos que ayudarles a sentirse seguros, y hasta orgullosos, de tener el poder, la capacidad y la abundancia de compartir de sí o de sus cosas con otros.

7. Esta persona puede ser apegada a asuntos materiales o al dinero. La vida se encargará de hacer que ese apego no sea tan fuerte. Esto puede ser a través de robos, pérdidas o, bueno, Urano pasando por Tauro. Ayúdale a notar esto y de manera consciente acompáñalo a hacer el trabajo interno de desapego.

8. Esta persona está consciente de su sensualidad y su magnetismo. Su vibración es MUY fuerte. Hay que enseñarle también que sus intenciones vibran. Invítalo(a) a limpiar su campo áurico y a regular sus emociones. Cuando ama, ama con todo. Cuando odia, también es muy fuerte. Guíale a abrirse un poco más, a confiar y a desarrollar métodos positivos para pausarse en vez de saltar y ponerse a la defensiva.

9. Esta persona debe aprender a no proyectarse en otros en cuanto a valores, a no pensar que lo que él/ella valora es de valor para todo el mundo. Enséñale que cada quien tiene su set de valores y prioridades y que eso hay que respetarlo, que no es menos ni más que otros.

10. Esta persona debe superar la mentalidad y actitud de que lo más importante es la seguridad o terminará teniendo una vida sumamente monótona. Muéstrale que sorpresa no equivale a inseguridad, que tomar riesgos no equivale a perderlo todo. La idea es que tomen el riesgo y se lancen una reinvención al estilo "ave fénix" antes de que sea demasiado tarde. Ayúdale a ver esto con amor.

CAPÍTULO 5

Más que una mente brilla

(Del pensar al sentir)

AXIS GÉMINIS – SAGITARIO
CASAS 3 Y 9

Este capítulo es para:
+ Personas con nodos en Géminis y Sagitario
+ Personas que aman a alguien con nodos en Géminis y Sagitario
+ Personas con nodos en casas 3 y 9
+ Personas experimentando eclipses en casas 3 y 9

Los que nacimos con estos nodos, sin importar qué signo esté en el Nodo Norte y cuál en el Nodo Sur, tenemos una gran personalidad. Sin embargo, tenemos un problema de sobreidentificación con el trabajo. Seguramente has escuchado este término. Habla de personas que creen que son lo que hacen y punto. Valoran tanto su mente y lo que pueden lograr con ella, que no dan espacio para otras cosas. Y, *don't get me wrong*, me gusta la mente. Sin ella no habría creatividad e imaginación, sin ella yo no estaría acá contando esto, pero hay que verla por lo que es y no seguir endiosándola como nos han enseñado a hacerlo.

El apego a la mente o a la personalidad no es del alma, no es del 99%. En el libro *El asiento del alma*, Gary Zukav habla de la personalidad como una de las limitaciones más difíciles con las que se enfrenta la energía de nuestra alma. A ver, venimos a esta experiencia humana con un alma que quiere experimentar muchas cosas para evolucionar, con el detalle de que debe experimentarlas dentro de un cuerpo que tiene sus propias partes, ventajas y desventajas. A lo largo de nuestra vida vamos lidiando con la gran ayuda de este cuerpo, pero también con sus limitaciones. Las limitaciones causadas por la mente, por las creencias o ideologías nos hacen esclavos, son una gran limitación. Cada quien debe aprender a observar sus pensamientos y separar lo real de lo irreal, entender cómo cae en sus propios patrones y repeticiones, cómo se cree el cuento de que es una cosa o la otra. Cada quien debe darse cuenta de cómo cae en eso de "la mente ordena y el cuerpo obedece", callando la voz del cuerpo que es tan buena, tan digna, tan sincera… callando la voz del corazón, porque es desordenada, o la voz del alma que intenta -vaya, ¡cómo intenta!- devolvernos de vuelta a nuestro carril.

Lo más loco es que cuando uno tiene una gran personalidad es aplaudido por eso, pero la identificación con la misma puede hacer muy difícil ver dónde hay que hacer trabajo interior. ¿A dónde se van a ir los aplausos? ¿Qué va a pasar con la vida que has creado, el ritmo de vida que hasta ahora conoces?

Las personas con esta configuración nodal vienen de encarnaciones pasadas con mucha información y deben buscar de qué manera transmitirla, cosa que logran poco a poco cuando van entendiendo que no pueden hacerlo solo a través de la mente, sino de la integración de esta con el cuerpo, las emociones y el espíritu. Y este despertar suele ser duro, porque el ruido de la cháchara interna suele ser tan fuerte que tienen otras áreas de su vida en espera… por un poco de silencio. Empecemos.

Lado A

+ Personas con Nodo Norte en Géminis y Nodo Sur en Sagitario
+ Personas con Nodo Norte en casa 3 y Nodo Sur en casa 9
+ Personas experimentando eclipses de Nodo Norte en casa 3 y de Nodo Sur en casa 9

Panorama general

Mi primer contacto con un astrólogo profesional, después de escuchar día y noche consejos de mi abuela sobre astrología, fue con el mejor astrólogo de mi ciudad natal en esa época. Me dijo que mi vida sería muy triste porque nací con el Sol en el Nodo Sur en Sagitario. Esta historia la he contado varias veces así que apretaré el botón de "hacia adelante" de mis 15 a mis 19 años cuando, estudiando astrología, hablé con mi profesora Anne quien con todo su amor de madre me dijo: "no te voy a mentir; por un lado indica que vienes con mucho conocimiento de un tema específico y que de eso vas a hacer tu vida profesional en esta encarnación, pero vas a tener que reinventarte varias veces y con cada reinvención vas a descartar mitos del pasado sobre lo que hacías".

Nacer con el Nodo Sur en Sagitario habla de personas que en encarnaciones pasadas manejaron mucha información de un tema en el que se especializaban. Dedicaron su vida a eso, a investigar, a pulir, a perfeccionar su técnica o aprender más (eternos estudiantes), pero eso también les aisló de tener experiencias emocionales, comunes, simples. Puede que no supieran de lo que había pasado al lado de su casa, pero sabían todo de un tema que no es tan común para los demás. No es raro que las personas que nacen con este Nodo Sur vivan de la misma manera en esta vida, que sean invitados a hablar de lo que saben, que sientan mucha pasión por su tema, que sean capaces de crear grandes aventuras por conocer aún

más del mismo, de hecho pueden viajar larguísimas distancias para estudiarlo más y más. Pero también son personas que cargan con el peso de tener todas las respuestas, que no se sienten entendidos por cualquiera o sienten total desinterés por temas mundanos, lo que les restringe un poco en su vida social. Si llegan a encontrarse con alguien que les entiende a nivel mental y además les estimula... oh, por Dios... han encontrado a su twin. Y bueno, esto también puede ser un arma de doble filo porque, por un lado, las personas con estos nodos no consiguen sentir esta conexión mental con cualquiera y, por otro, nada asegura que con quien/quienes la tengan estén a la par o con ganas de trabajar las otras áreas. Es decir, puede que la persona consiga a alguien con quien se lleve bien mentalmente, pero emocionalmente sea un desastre. Por eso para este axis es súper importante trabajar la inteligencia emocional (les encantará eso... estudiar y entender) y después atreverse en serio a sentir. Esa será su verdadera escuela.

Misión de vida

No creas que toda tu sabiduría y los largos años de estudio y de cultivar tu súper personalidad han sido en vano. La sombra está en que no conectes eso con un propósito más grande y, para poder hacerlo tienes que cultivar una mejor relación contigo; eso incluye el nivel emocional, físico y espiritual. Usa tu conocimiento para ayudar a otros. Usa tu gran regalo, que es una muy buena intuición, para enseñarle a otros a que se conozcan y confíen en sí mismos en vez de buscar respuestas en lo externo. Eso sí, busca el mejor medio para hacerlo y tienes que chequear que tu intención principal no sea llamar la atención hacia ti, sino al mensaje.

Vete a esas aventuras que te gustan para pulir el tema que amas, sí, pero ábrete también a la aventura de aprender de otros que quizá no saben nada de TU tema, pero que hablándote de algo completamente diferente te estimulan de manera que puedes enriquecer lo que haces. Más me inspiro yo leyendo o escuchando de otros temas que de astrología.

Los horóscopos que a ustedes tanto les gustan no los explico con palabras técnicas, sino con situaciones del día a día. Más aprendo escuchando las historias de otros, lo que los hace únicos, que escuchándolos hablar de lo que saben. Interésate por las motivaciones que tenemos como humanos, por las cosas que sacan lo mejor y lo no tan bonito de cada quien. Aprende sobre el poder de las emociones y la capacidad que tenemos para sanar una vez que aprendemos a soltar la vieja narrativa. Aprende a buscar evidencia contraria de las creencias que tanto te duelen y que las vas ubicando escribiendo tus absolutos, tus "yo nunca" y tus "yo siempre". Lee todo lo que puedas de Byron Katie y sus métodos para desmantelar creencias. Pon al servicio lo que haces tan bien. No siempre podrás hacerlo gratis, pero si te es posible hacerlo de vez en cuando hazlo, y hazlo por el entusiasmo de que esa información puede ayudar en las vidas de otros. No acumules la información solo para ti y no uses lo que sabes como arma de superioridad para enjuiciar a "los que no saben nada", créelo, saben cosas que tú no y nadie tiene la verdad absoluta en sus manos.

Por último, si tu misión es comunicar y comunicar con entusiasmo, al nivel de los demás y con ánimos de intercambiar energía que pueda hacer la vida de todos en conjunto, mucho mejor. Para lograr esto debes superar tu miedo a conectar o tu miedo al compromiso, que muchas veces te aísla.

Mi último mensaje para ti en cuanto a la misión de vida: permite que lo que te nutre y motiva a compartir con otros sea un 70% tus experiencias y un 30% las pestañas quemadas en un libro.

Encarnaste con facilidad para devorar libros, sí, pero es la escuela de la vida la que te enseñará a amarte y a conectar con tu propósito, porque si bien encarnaste para ser comunicador, tienes que ir descubriendo tu tema, tu manera única de hacerlo. El mejor medio para eso no es aprendiendo solo de un libro, de una conferencia o de otro experto, sino más bien intentando, cayendo, riendo, viajando, preguntando, bailando y AMANDO.

Lección *kármica*

Si el nativo con el Nodo Norte en Géminis está muy identificado con su personalidad, recibirá de la vida varias lecciones de humildad para entender que no se las sabe todas, que tiene mucho que aprender de otros y que tiene que saber escuchar, no solo a dar clase y consejos todo el tiempo.

Y, de verdad, esas lecciones vienen. Debo decir que yo he recibido muchas y sé que siempre vendrán más; estoy abierta a ellas. Pero sin duda doy gracias eternas a la situación detonante con "Ex"corpio (*my evil twin*) que despertó la herida dormida más fuerte, la del público que nunca pude conquistar (mi mamá), y la que me llevó a crear toda una vida donde quería demostrar que tengo mucho para dar.

Para mí fue claro solo después de haber aprendido a hacer silencio, a escuchar mi cuerpo, a cuestionar mi mente, a no creer todo lo que esta me decía y a no hacer todo lo que dictaba, que a la única persona que estaba buscando que me escuchara era mi mamá. Aunque nuestra relación mejora cada vez más, he hecho un gran trabajo para que esa energía madre llegue al punto dentro de mí donde las cosas son suficientes, donde yo soy suficiente y donde puedo estar bien con no ser la que todo lo sabe o la que todo lo hace. Este ha sido un trabajo que jamás hubiera podido hacer sin escucharme, sin analizar y, sobre todo, sin buscar un paso a paso para entender y "salir de este asunto de una vez".

TIPS para RELACIONARTE mejor SI tienes ESTA CONFIGURACIÓN nodal

1. Entiende que tú no eres tu mente. Nos parece una locura que la voz que tenemos adentro no sea la voz de la verdad absoluta y que no sea más que varios casetes con experiencias, recuerdos, estímulos guardados y mecanismos para mantenernos a salvo, en lo conocido y lo predecible; tanto, que hasta la información nueva que queremos darle está "llamada" por algún interés que ya está allí. Nada de esto tiene algo malo, ya que la mente es una gran herramienta, y la nueva información que buscamos, las curiosidades que seguimos con base en viejos estímulos, etc., pueden llevarnos a trabajar con nuestro propósito. Pero es súper importante añadir experiencia a esta búsqueda, y experiencia desde el asiento de estudiante, no desde una posición de experto.

2. Mejora la relación con tu cuerpo. Sí, en tu Nodo Norte en Géminis está envuelta una voz que te habla en el proceso de descubrir tu propósito y misión... ¿cierto? ¡Ajá! Sé que entiendes bien de qué va la energía Géminis, pero la única voz en ti no es la de tu mente. La voz del cuerpo es la más buena onda que hay. Esta voz también la tienen los animales. Se trata de saber conectar con nuestras necesidades, tenernos bien, darnos descanso, alimento, no esforzarnos más allá de nuestros sanos límites, saber cuándo algo se siente bien o mal. Danielle La Porte contó una vez que un empresario japonés solo hacía negocios multimillonarios con otras personas después de comer con ellos. Si la digestión era buena, el negocio iba, si no, pues no. Yo conté en *El libro de las relaciones* cómo me enfermaba cada vez que "Ex"corpio hablaba de compromiso y yo pensaba que era mi mal procesar de la energía de compromiso. Y sí, por ahí había miedo, pero después entendí que el malestar me indicaba que debía preguntarme si era que algo estaba mal entre nosotros, con él, en vez de echarme nuevamente toda la culpa encima e ir más allá de mis límites sanos, porque internamente me decía que la mejor manera de superar el miedo era lanzándome de una vez y ya.

Con el tiempo he logrado conocerme mejor y he podido distinguir cuándo mi miedo es miedo del bueno, de "me gusta, pero me asusta", y cuándo el miedo es "ya va... esto es una alarma fatal". Te doy un *tip* para identificarlos: cuando el miedo es bueno, usualmente la circunstancia no es forzada. Cuando el miedo es preventivo, la circunstancia es superforzada y usualmente está acompañada de algo que te da pena admitir o contar. Por ejemplo: "estoy emocionada porque estamos comprando casa juntos, tengo miedo pero ay, ay" vs. "estoy emocionada porque estamos comprando casa juntos, pero la verdad es que ha estado duro: él me dijo que pusiera x cantidad de dinero y ahora me dice que ponga más y que tiene que haber un documento en caso de que nos vaya mal y eso se sintió feo". ¿Se entiende la diferencia?

Y todo esto se siente en el cuerpo. Atrévete a conectar con él. Escribe en tu diario cómo te sientes físicamente después de tener ciertas experiencias. Haz ejercicios que unan respiración y movimiento de manera consciente, ejercicios en los que puedas escuchar tu cuerpo en vez de callarlo. Date descanso, pregúntate qué te gusta, qué te cae bien, qué necesitas.

3. Aprende a relacionarte mejor. Esto parece absurdo para alguien con estos nodos, pero no cierres el libro, tenme paciencia. Las personas con Nodo Norte en Géminis y Nodo Sur en Sagitario tienen que aprender a relacionarse con personas de todo tipo. Tenemos la tendencia a estar animados en lugares o conversaciones que nos parecen interesantes, pero desconectamos inmediatamente cuando están hablando de algo que no nos interesa. Para más, esto nos parece *cool* y nos creemos interesantes, pero en verdad podemos ser bastante malcriados y, de nuevo, sobreidentificarnos con nuestra inteligencia, como el que se identifica con lo que hace. Desarrolla la capacidad de relacionarte, ábrete a aprender de las personas que te rodean, aprende a escuchar en vez de dar consejos que ni te han pedido. La otra cosa es que con estos nodos las creencias son lo más importante para el nativo con Nodo Norte en Géminis, y muchas veces se ponen tercos porque las cosas tienen que ser como las conocen.

4. Acepta el mundo como es y desmantela tus creencias limitantes. Si yo creo que no soy suficiente estoy dando un comando a mi sistema activo reticular para que busque evidencia de que eso es cierto. A lo largo del día lo que resuene con eso me hará más ruido que los comentarios positivos. Por ejemplo: "¡qué buena presentación, Mia!", quedará por debajo de "te faltó hablar del signo Tauro" y ese "te faltó" para mí es como… "entonces es verdad, no soy suficiente". Este proceso es muy inconsciente hasta que empezamos a desmantelar creencias y a cuestionar lo que nos decimos, cambiando la manera de hablarnos y la evidencia que buscamos y a la que damos peso. También, al desarrollar una mejor relación con nosotros, el ser los que más sepamos de algo o no, no será el factor determinante para nuestra felicidad.

5. Trabaja tus adicciones. Las personas con estos nodos tienen una personalidad muy adictiva, y noten esto: personalidad muy adictiva. La personalidad no es nuestra chispa ni nuestra energía, tiene que ver con quién creemos ser, lo que se ha reforzado en nosotros y también lo que se descartó porque no tuvo *punch*. El apego a la personalidad lleva a hacer en exceso lo que genera aplausos o validación. Aplicar la sana restricción es clave. Si notas cuándo estás llevando las cosas a los extremos, estarás por buen camino. Busca ayuda para que puedas llevar el proceso de la mano, atravesando el miedo de conocerte de verdad para poder tener balance en tu vida.

6. Escribe. Ten un diario. Haz *journaling*. Escribir te ayudará a conocerte mejor, a organizar tus ideas y a notar cómo muchas veces saltas a conclusiones o te cierras a experiencias porque crees que ya sabes cuál será el resultado, y no es así. Escribir también te ayudará a hacerte consciente de tus estados emocionales y lo importante que es para ti y lo bien que te hace sentir la conexión real con otros y no solo la conexión que se da a través de lo que sabes. Otro de tus grandes trabajos es pulir tu gran intuición, que a veces callas porque saltas al "ya sé", en vez de observarla con curiosidad. Escribir lo que intuyes y hacerle seguimiento evitará que caigas en un *bypass* espiritual, que es creer que ya sabes todo, pero en verdad estás usando tu mente y la razón como escudo en vez de ir adentro con el trabajo que tienes que profundizar.

7. Entiende tu "necesidad" de libertad, pero distingue cuándo viene del ego o cuándo viene del alma, y también acepta que en esta encarnación viniste a comprometerte un poco más. Me explico: en vidas pasadas luchaste por tu libertad, por tus ideales, tu razón. En esta vida no viniste a hacer lo mismo, más bien, tu necesidad de libertad puede aislarte y eso es algo que viniste a trabajar. También en cuestión de relaciones, este será uno de los asuntos más grandes y de contraste, porque tenderás a dejar al otro afuera y, si de alguna manera quiere acercarse más a ti, le verás como una amenaza para tu libertad. No dudo, que hasta ahora has creado un estilo de vida que te permite tener TU tiempo, TU espacio, pero evalúa cuánto afecta tus relaciones, y si quieres un cambio puedes hacerlo de manera consciente al entender esto.

8. Otro asunto importante: personas con estos nodos tienen muchas experiencias de reto y contraste por lo que dicen, por trámites legales difíciles y otros asuntos protocolares que de alguna manera validan su saber o su capacidad. Es parte de las lecciones que necesitamos para aprender quiénes somos más allá de nuestra personalidad. Puedes ser lo máximo, pero a la hora de presentarte ante un juez o lidiar con un divorcio largo y con mucho papeleo lo máximo se reduce a la humildad y a la paciencia que tienes que tener contigo, conocerte. Estas lecciones de "papeleo" se reducen a que mejor te acerques a tu alma y no al apego de la personalidad. Entiéndelo pronto y estarás bien.

TIPS para RELACIONARTE con un(a) nativo(a) DE ESTA CONFIGURACIÓN nodal

1. Debes saber: esta configuración de nodos da como resultado personas con pavor al compromiso, con mucho miedo a perder su libertad, así que no es raro que todo el inicio de la relación sientas que te está poniendo a prueba para ver si le vas a dejar ser o no. Cuando otra persona parece acercarse mucho, pueden correr al tope de una montaña metafórica o recluirse en sus libros, razones y pensamientos. Una de sus metas en esta vida es aprender a conectar con otros usando como medio esas ideas, así que es -justamente- una buena idea entrar por la mente, lo intelectual o intereses en común para acercarte más.

2. Ten paciencia porque estas personas creen que sus verdades son absolutas. Con el tiempo y las experiencias empiezan a entender que no es así y se van abriendo mucho más, pero considero que debe gustarte el debate de ideas y que no conviene que seas una persona que se molesta con rapidez si no tiene la razón, porque si no, será una batalla cuesta arriba lograr entenderse. No digo que concuerdes en todo, sino que disfrutes un sano debate y lo tomes con humor.

3. Recuérdale que saltar a conclusiones o asumir sobre otros no ayuda a nadie.

4. Enséñale a comunicar sus emociones. Llévale del "yo pienso" al "yo siento", y anímale a hablar de cómo se siente, a qué le recuerda tal situación. Hay que invitarle a que se abra, y lo hará. Cuando lo haga, te asombrarás de que siente mucho, pero como ha tratado de taparlo con la razón hay mucho que está en estado "bebé" adentro y necesita mucho cariño.

5. Ofrécele el espacio para romper con las rutinas, y seguido, porque a estos nativos les mantienen excitados los cambios, lo nuevo, la variedad.

6. Hazle tantas veces como sea posible la pregunta: "¿prefieres tener la razón o prefieres ser feliz?". Hazlo en buena onda, con ánimo de que despierte del encantamiento que tiene con tener razón a como de lugar.

7. De una vez te digo, puede que sean personas que no conectan muy bien en el acto sexual porque están muy en su mente. Invítale a situaciones en las que sienta su cuerpo. Por favor, por favor, llévale a hacer ejercicios de respiración. Les cambiará la vida. Su mente se "limpiará" al menos por un rato y se le abrirá otra puerta, la de la mente superconsciente. Convéncele de que hagan kundalini. Así sea una vez a la cuaresma, sería genial.

8. Probablemente sea un viajero. Llévalo de paseo. Propón hacer el itinerario, sugiere experiencias ricas, buen comer, buena vista, buen descansar. Motívale a que suelte el celular. Tengan conversaciones largas y tendidas. En ese ambiente "extranjero" que tanto le gusta, y con mucho amor, voltéale un poco las creencias. Cuando te diga que algo es ASÍ, ASÍ y ASÍ, dile "amor, ¿te parece?... A mí me parece más bien...", y le pones la mano en su mano o brazo mirándole a los ojos. UNAGI. Te he dado la clave.

9. Seguramente cuando le conozcas ya tiene armada una vida o un trabajo que requiere largos momentos a solas, aislado, o tiene cierta resistencia a ir al cumpleaños de tu tía o a la fiesta de tu amigo, porque no todo el mundo le cae bien. No le obligues a salir siempre, sé consciente de la persona con la que estás escogiendo compartir tu vida -o un momento de tu vida-. Si en vez de pelearle, esto le entiendes y le haces ver que está siendo un poco cerrado y que tal vez el esposo de tu tía es buenísimo echando cuentos, etc., se animará a salir de su zona cómoda. Eso sí, no prometo nada, porque este es un axis nodal que cambia y se abre usualmente solo después de una caída que les lleva a la humildad y a abrirse a conocer más de otros.

Lado B

+ Personas con Nodo Norte en Sagitario y Nodo Sur en Géminis
+ Personas con Nodo Norte en casa 9 y Nodo Sur en casa 3
+ Personas con eclipses de Nodo Norte en casa 9 y Nodo Sur en casa 3

Panorama general

Un año después de *El libro de las relaciones*, y ya con varios capítulos listos para *ADN Cósmico*, estaba armando un evento con facilitadores en conjunto con un buen amigo que tiene años haciendo mini festivales espirituales en Miami. Al estar buscando facilitadores alineados con lo que mi amigo quería transmitir, conocí a un chico, llamémosle Roni, para dirigir un taller de kundalini y respiración. Él tenía esta configuración nodal.

Yo lo conocí y fue la primera vez que entré en el mundo de los ejercicios de respiración; es decir, ya había hecho antes, pero nivel *kinder* y esto era nivel leyenda. Las cosas que sentí, que vi o imaginé durante las sesiones fueron muy buenas y lo contraté para que hiciera rondas con las personas que trabajan en Miastral, con la finalidad de que soltáramos muchas cosas (este trabajo en el que siempre estamos tocando temas emocionales mueve también muchos asuntos personales). En efecto, quienes tuvieron las sesiones con él lo amaron. Es muy bueno. Lo recomendamos a otras personas y todo el mundo encantado.

Cuando se lo presenté a mi buen amigo que hace los mini festivales, me dijo: "él no me gusta, solo va a traer problemas porque su ego es enorme". Yo no lo veo así, le dije. Me parece que es realmente bueno en lo que hace, además muy puntual, organizado y va a crear una buena presentación/experiencia.

A los meses le pregunté a mi buen amigo por el festival, porque se acercaba la fecha, y resulta que estaban envueltos en un gran asunto legal porque Roni había traído a su abogado, ya que si él iba a estar en el mini festival, no quería que a, b o c estuvieran y quería tener todo el protagonismo.

Las personas nacidas con estos nodos están "acostumbradas", por vidas pasadas, a confiar en lo que saben, en lo que han investigado, pero quizá no han profundizado. Se sienten cómodos cuando trabajan con la lógica, pero en esta vida tienen que profundizar en un tema específico y experimentarlo más allá de la razón. También son personas que saben de todo un poco porque su sensación de conexión viene del intercambio de ideas, de hablar con todo el mundo, todo el tiempo, pero en esta encarnación necesitan aprender a conectar consigo mismos, aprender a seguir su intuición más que solo su curiosidad y poner su conocimiento en servicios.

Verán, obviamente se parece un poco al Nodo Norte en Géminis y Nodo Sur en Sagitario que acabo de explicar, pero una gran diferencia es que las personas de Nodo Sur en Géminis aman estar con muchas personas y conectar como mariposas sociales cuando deben tomar más tiempo aparte para trabajar en ellos, mientras que los de Nodo Sur en Sagitario aman estar a solas con lo que saben y tendrían que ser más mariposas sociales y conectar. Dicho esto, será fácil entender que las personas de Nodo Norte en Sagitario y Nodo Sur en Géminis aman salir, no quieren perderse de nada, aman flirtear, conectar con tantas personas como sea posible, caerles bien, quedar bien y también usan el chisme como manera de conectar con otros.

Como su rutina suele ser variada y tienen tantas cosas pasando en su vida, pueden verse y ver que no están dedicando suficiente tiempo, atención y energía en una sola área, en ESA área del don, y por eso les cuesta creer que es real. Piénsalo: si estudias leyes una hora al día, luego tres semanas no, te olvidas todo un verano y al final del año tomas unas notas... ¿sientes realmente que estás aprendiendo o estudiando? Es completamente lo opuesto a las personas con Nodo Norte en Géminis y Nodo Sur en Sagitario que lo que hacen todo el tiempo es ver, respirar, comer el tema que aman, nada los saca de allí así estén con una pierna dentro de la playa. Eso es un poco lo que les caería bien a estos nativos del Nodo Norte en Sagitario y Nodo Sur en Géminis, apuntar a dar más atención a su don para también darle un poco de estructura, sobre todo a su manera de pensar y organizar ideas, al mismo tiempo que trabajan la permanencia y la paciencia que necesitan para poder llegar al fondo de un asunto en vez de distraerse apenas un pajarito pase por la ventana.

Misión de vida

Estos nativos son sumamente intuitivos y, con el Nodo Norte en Sagitario, pueden aprender a "bajar" información de los mundos superiores y hacerse *masters* en un tema. El asunto es que no confían en su sabiduría (es de hecho uno de sus trabajos más importantes en esta encarnación) y entonces terminan por no usar debidamente su talento, quitarle validez e importancia, pensar que están "locos" o, por la misma inseguridad, demandando otras cosas que les den seguridad pero como "prestada", como fue el caso de Roni. Si él hubiera confiado en lo talentoso que es, no hubiera sentido que otros facilitadores eran una amenaza. Por eso estos nativos hacen bien buscando a alguien que les ayude a trabajar esa confianza interna, y también les ayuda dedicar de manera organizada tiempo a su don para que no les quede duda de que se están puliendo.

Las personas con estos nodos han encarnado con una mente brillante y una gran intuición para utilizar, guiarse y guiar a los demás, pero esa mente brillante es un arma de doble filo.

Lo que más temen es perder sus habilidades para entender todo, y lo notarás porque tienen algo con su cabeza... no les gusta que se las toques o no les gusta poner su mundo de cabeza, perder el control, hacer la parada de manos y así, pero paradójicamente cuando la pierden, la pierden completa porque estar adentro de una mente que no para de hablar y no saben silenciar es abrumador.

Por eso, tal como le dije a los nativos con el Nodo Norte en Géminis y el Nodo Sur en Sagitario, es importante que tengan prácticas que les ayuden a escucharse mejor, a conectar con las otras voces y no solo con la de la mente para confiar más en sí y hacer de sus dones lo mejor para comunicar desde una verdad que no es egoísta, y no comunicar a medias el mensaje por la inseguridad que sienten. Por ejemplo: Roni logró alinearse con su misión con sus ejercicios de respiración. Él es capaz de llevarte a ver cosas dentro de ti que son reales, que no cambian, que tienen que ver con tu luz, tus motivaciones más allá de tiempo y espacio. Con sus ejercicios aprendes a escucharte y a atender cosas que siempre te habías pedido, pero por escuchar a la mente no habías tomado en cuenta. La cosa con Roni es que -como a todos- aun cuando estamos alineados con nuestra misión, quedan cosas que aprender y, bueno, para eso están la vida y los eclipses. Una vez que él masterice eso su mensaje será más completo, porque no se trata de lo que hace (profesionalmente hablando) sino de quién es.

Lección *kármica*

Estos nativos deben aprender a usar la mente en algo que sea de ayuda a un bien mayor, más que para un bien egoísta o para sentir que son superiores a otros por lo que saben.

Alinearnos con nuestra misión no tiene que ver con títulos sino con servicio, y puede que esta venga de tu ejemplo, no de tu profesión, así que bájale dos y aprende a amar y apreciar otras cualidades que tienes y que te llevarían a conectar de verdad con otros sin que tengas la respuesta o tengas que dar un consejo. Está bien no saber, está bien estar desordenados porque la voz del corazón está hablando y está bien amar o apasionarse por algo aunque no tenga total sentido. Estos nativos deben aprender a escucharse de verdad y a recorrer la distancia más larga que es la que va de su mente a su corazón.

Estos nativos saben escuchar (algo que personas con el Nodo Norte en Géminis tienen que aprender) y saben leer a otros más allá de sus palabras, su lenguaje corporal, sus humores, sus actitudes. También tienen la facilidad de ponerse en los zapatos de otros, sin saber cómo colocarse en la manera de pensar de quien tienen enfrente y decir: "yo no haría eso, pero él/ella con su forma de ser, sí". La cosa es que como no entienden cómo llegan a esas conclusiones y tampoco se sientan a notar o apuntar qué pasa después, les cuesta confiar en estos regalos y ponerlos a vibrar alto.

Esto de que les cuesta quedarse en una posición suficiente tiempo como para sacarle provecho hace que también sean muy cambiantes y ¡enamoradizos! Estos nativos son un *flirt*. Saben cómo caerle bien a otros, cómo hablarles de manera que les guste, decir lo que otros quieren escuchar y, por eso, también encantan a otros hasta que se dan cuenta que el nativo es así con mucha gente, y pueden luego generar cierta fama o desconfianza. Por eso, una de sus tareas en esta encarnación es ser conectores, pero no siempre sumar el elemento del *flirt*, ser más honestos y trabajar sus ganas de caerle bien a todo el mundo, que tiene que ver con sus inseguridades internas. Tienen también que aprender a tomar una postura si es algo en lo que creen y dejar de ser tan indecisos y tomar decisiones con convicción.

La otra cosa que es importante que trabajen es la confianza en sí mismos y en sus posiciones, pero no basados en el ego, sino basados en el bien mayor, lo que pueden dar. Estos nativos buscan -quizá de manera no consciente- la validación de otros cuando asienten en sus ideas. Esto también les lleva a ir a muchos eventos, conversar con muchas personas y no descansar hasta que sienten entendimiento y acuerdo, haciendo que muchas veces no aclaren su posición, porque en verdad lo que quieren es caer bien, porque es lo que entienden como conexión y amor. Pero muchas veces no es real y la mayoría de las veces les hace andar o tener en su círculo cercano a personas que tampoco están siendo auténticas, o con quienes no tienen en verdad nada en común, pero piensan que tienen un millón de amigos cuando a la hora de la chiquita son pocos con los que pueden realmente abrirse y confiar.

Estas personas necesitan educarse emocionalmente, saber cuál emoción es cuál, cómo se siente y aprender también a manejarlas sin el uso de control o restricción, sino más bien permitir que se muevan adentro. Deben aprender que las emociones son indicadores y que también aportan información que les dará excitación, y así se animan.

Trabajar la conexión con su cuerpo también es importante, aunque muchos dirán que ya lo hacen porque entrenan fuerte. Eso no falta si uno de los nodos está en Sagitario, pero puede que vivan del lema "la mente ordena y el cuerpo obedece", que tarde o temprano pasa factura. Cuando digo escuchar el cuerpo me refiero a realmente escucharlo, a entender que hay cosas que han vivido y han racionalizado que están presas en algún lado de su cuerpo y que al moverlo de manera consciente, enlazando movimiento con respiración, le dan liberación.

Fomentar la meditación es clave, así como momentos en los que no estén consumiendo información y sobreanalizando cada cosa. El análisis es una buena herramienta, pero para estos nativos puede ser contraproducente al verse analizando por mucho tiempo un asunto por capas, llevándose a "estar ocupados" creyendo que están haciendo el trabajo, pero este no está completo sin sentir. Por eso si el análisis es su terapia favorita, deben contrarrestarla con yoga, ejercicios de respiración o danza.

TIPS para RELACIONARTE mejor SI tienes ESTA CONFIGURACIÓN *nodal*

1. Primero que nada, reconoce que tienes facilidad para leer a otros y naciste para ser un gran comunicador, pero tienes que aprender a escuchar y estar dispuesto a profundizar, no solo a escuchar y responder lo que el otro quiere escuchar "para que la fiesta esté en paz". Muchas veces el otro solo quiere que escuches y que al terminar puedas darle un consejo desde tu intuición, y no solo tratar de mantener todo *"light"*. Debes también trabajar la tendencia a quedarte en lo superficial o evitar conversaciones profundas, intensas y emocionales, ya que esto sucede en relaciones de pareja y es cuando logramos fortalecer el vínculo.

2. De entrada, reconoce cuánto te gusta y lo mucho que te hace bien tener un compañero de aventuras de corazón, en vez de entrar en una relación con alguien que tienes que cambiar para ver si se anima a salir un jueves por la noche. Ustedes tienen una actitud que se adapta y pueden creer que todo el mundo es así, pero no. Si te gusta cierta persona, pero con sus acciones te está dejando claro que no es del tipo aventurero o que es muy fijo en sus posturas y creencias, quizá quieras reconsiderar y preguntarte qué ves en él o ella que te hace pensar en que está bien callar tu naturaleza.

3. No decores la realidad, no digas solo lo que es conveniente. Di siempre la verdad aunque sea difícil. Es importante que confíes en ti, en que te quieren como eres en vez de adaptarte como camaleón y decorar las situaciones. Al hacer esto inicias relaciones en las que siempre tienes que llevar una fachada y te va apagando la chispa de vida.

4. No uses el chisme como manera de conexión con otros. Esta lección la tendrás varias veces en tu vida, y en algunos momentos puede salirte muy caro. Una de tus lecciones de encarnación es confiar en que puedes ser amado/a por quien eres y que no tienes que usar información para agradar, y el chisme es de alguna manera información y una forma muy barata de conectar a expensas de otros. Además, te llevará a crear vínculos que no valen la pena.

5. No abuses de los medios de comunicación para sentir conexión. Personas con el Nodo Norte en Sagitario y Nodo Sur en Géminis necesitan mensajear al otro constantemente, saber qué están haciendo, saber cada detalle de su día. Al inicio esto es divertido y sabes que la tecnología nos da herramientas para hacerlo, pero, de nuevo, en tus lecciones de encarnación está confiar en ti, así que nota cuándo necesitas constante conexión con el otro porque tienes inseguridades y, en ese caso, ni estás creando verdadera conexión ni tampoco estás trabajando tus lecciones, así que las inseguridades se hacen más grandes.

6. Entiende que en tus relaciones (de todo tipo) no siempre tienes que estar de acuerdo con el otro o el otro contigo. Pueden tener diferentes puntos de vista y respetarse, incluso apoyarse. Muchas veces personas con estos nodos evitan tomar una posición que puede traer contraste y/o conflicto, pero esto evita su individuación, el trabajo en su elemento diferenciador, la confianza en sí, conocer sus convicciones, aceptar sus deseos y alcanzar sus objetivos. Por eso, cuando algo no te parezca sé capaz de decirlo y de explicar el porqué tienes otra posición, y discútanlo abiertamente.

7. No tapes tus estados emocionales intensos con un chiste. Todos conocemos historias de personas que eran comediantes o cómicas que querían todo *light* o hacer reír mientras tapaban tristeza o depresión. Siente tus emociones, escribe, habla con alguien capacitado para guiarte. Algo que puede ayudarte en esto es notar tu *"pitch* de venta". Esta es la historia que siempre cuentas sobre tu vida o lo que de alguna forma quieres vender/proyectar. Si notas que tu *picth* de venta es "yo siempre estoy bien", "yo siempre estoy alegre" y no te permites mostrarte natural, sabes que estás tapando algo. Y es interesante también notar si aparte de los chistes tienes otro mecanismo para evitar dejarte caer en lo que de verdad está pasando o estás sintiendo. Eso también vendría a ser lo más importante a empezar a trabajar en terapia.

8. No saltes de una relación a otra como mariposa. Ustedes tienen facilidad para esto, pero los asuntos emocionales se van acumulando. No parece porque de una vez ya estás en otra ilusión, pero lo que no se ha sanado viene con fuerza y querrás seguir tapándolo. No estoy diciendo que no te puede pasar enamorarte de alguien rápido después de una ruptura, pero nota si en verdad es un patrón y lo que has hecho es jugar a la bola de nieve que tarde o temprano va a reventar.

9. Medita. Esto ayudará en todas tus relaciones porque mejora tu relación contigo. Eres buen escucha, te encanta conectar y conversar. ¿Cómo no empezar contigo para conocerte mejor, para soltar fachadas, para aceptar estados emocionales y encontrar silencio en ti y paz mental, que es algo que necesitas? Personas con Nodo Norte en Sagitario y Nodo Sur en Géminis tienen la tendencia a sobreanalizar las cosas y seguir buscando información "para entender algo mejor", que en verdad es "me lleno de opiniones para no tener que formar la mía o para no tener que atravesar realmente la situación". Pero en esto no hay verdadero avance como persona y tampoco hay verdadera satisfacción o madurez emocional. Meditar te irá calmando poco a poco y abrirá la puerta para que te animes a iniciar otras prácticas que te centren y que te ayuden a escucharte, a confiar en ti, a trabajar y desarrollar tu intuición y empezar a tomar las mejores decisiones para ti.

10. Trabaja la tendencia a la satisfacción inmediata y cámbiala por satisfacción a largo plazo. Esto es importante en todas las áreas de tu vida. No te gusta esperar, no te gusta la incertidumbre, eres rebueno/a buscando una salida rápida, una solución inmediata, un gestor, pero no todo en la vida se puede lograr con atajos y ciertamente la satisfacción no es la misma que uno siente cuando de verdad se esfuerza por lo que quiere y lo hace porque sabe lo que merece, así que sí, esto es un asunto de valoración personal y amor propio. Empieza comprometiéndote con cosas pequeñas que quizá te tomen semanas o meses y date cuenta de cómo va aumentando la confianza en ti y el compromiso contigo, luego ve por metas a mediano plazo más grandes y recuerda siempre tu por qué, lo que hay del otro lado de hacer las cosas bien.

1. Sé fuerte. Ten la valentía de cachar las mentirillas que dice para quedar bien y hacerle saber que no está bien, que puede y que es mejor decir la verdad. Ojo: no es "decirte" la verdad, sino en general, decir la verdad. Sentirás que estás lidiando con un(a) niño(a) y verás que las cosas que "decora" son súper tontas, pero hay que enseñarle que es mejor ir por delante con la verdad para que no vaya haciéndose la idea de que puede decorar cosas más grandes.

2. Cuando notes que está dando demasiada rosca a la cabeza y que está sobre analizando una situación, invítale a escuchar su intuición. También puedes ayudar con una ronda de preguntas rápidas y que diga lo primero que venga a su mente. Se dará cuenta de que ya tiene la respuesta.

3. Sé oportuno. Las personas con estos nodos se distraen fácil y les gusta mantener conversaciones serias de manera *light*, y tú vas a querer que te escuche realmente y poder conversar de todo el asunto en una sentada, en vez de en miles como él/ella pueden llevarte a hacer.

4. No le des cuerda cuando está contando un chisme. Dile lo feo que es que a sus espaldas estén haciendo lo mismo y que la otra persona también es un ser humano. Trata de inyectar un poco de consciencia en él/ella, pero sin sermón, en buena onda.

5. Comunícale lo que verdaderamente sientes e invítale a hacer lo mismo. Esto se lee fácil, pero no lo es. En verdad es trabajo de hormiga y toma tiempo crear un "lugar sagrado", un "lugar de excepción" del uno con el otro para que ambos se abran y sientan que allí no serán juzgados. Al inicio él/ella puede hacer un chiste de lo que compartes porque no puede aguantarse. No es que se va a burlar, solo que no quiere verte muy emocional porque, la mayoría con estos nodos, no lo saben manejar. Pero dile "en serio, esto es en serio", y poco a poco vayan trabajando el apoyo, la confianza y sobre todo la amistad honesta como relación base para la romántica.

6. Ayúdale a desconectarse del celular o la computadora. Estos nativos son adictos a la información y así no tienen que pensar por sí mismos, lo que frena mucho el crecimiento emocional, el trabajo interno o una reinvención necesaria. Uno no puede superar estados emocionales con una búsqueda en Google y tampoco puede uno sanar una condición delicada solo entendiéndola a nivel mental. Tuve una clienta con estos nodos que sufría un desorden alimenticio y lo que hacía era buscar más información, que 1) justificaba su condición, 2) le hacía entender de dónde podía venir la condición, 3) por momentos le llevaba a hacer cambios, pero no permanentes porque no estaba escuchando la voz de su cuerpo, la voz de su corazón o pasando por el arduo trabajo y compromiso que es estar en un centro para este tipo de desórdenes, realizando las consultas y actividades adecuadas. Solo cuando tuvo una situación de susto entendió que no era un juego y que saber de algo no equivale a superarlo.

7. Evita llegar al punto en el que das razones (como información y *facts*) para justificar que eres bueno(a) para él/ella. Tampoco te lleves a consumir grandes dosis de información solo para mantenerle entretenido(a) e interesado(a). En otras palabras, no caigas en ese juego porque él/ella tiene que sanar esto... para empezar.

8. Nota si tiene la tendencia a hablar mucho de sí y no escuchar o hacer seguimiento real de lo que te es importante, y hazle saber. Sea tu amigo(a), un familiar, tu colega o pareja, esto es algo que tiene que aprender a cachar porque puede ser una de las maneras de desconexión más fuertes que enfrenta con otros, y a veces ni se da cuenta.

9. Espera que pase su molestia y/o distanciamiento, pero en cuanto conversen de nuevo y tengan oportunidad, invítale a que te diga qué es lo que en verdad le molestó. Estas personas no son las mejores entendiendo sus emociones, las quieren racionalizar y seguro es lo que harán muchas veces. Usualmente es su pareja quien asume el rol de enseñarle qué es cada emoción y que está bien sentirse así. Como verás, hace falta paciencia, pero son tanta luz y tanta buena onda que muchos aceptan "el trabajo" con gusto. Si decides asumir ese cargo, espera el momento adecuado y enséñale a ponerse en contacto con la emoción primaria y no la secundaria preguntando de manera espontánea (o que parezca, para que responda igual): "¿qué fue lo que de verdad te molestó?".

10. No des satisfacción a su hambre constante de información/investigación contestándole a cada mensaje sobre qué haces y cada paso que das. Tengan momentos a solas, momentos en los que se fortalece la confianza, noches en las que tú sales con los tuyos y le cuentas más tarde y que él/ella también tenga sus salidas. Es la vía a que la relación crezca sana. Entre más atiendes esta tendencia de inseguridad, más fuerte y obsesiva se pone.

Storytime

"You said we're not so tied together, what did you mean?"

El 7 de agosto de 2017 era lunes, también era el eclipse de luna llena en Acuario y era el evento de Tu B'a. Estaba muy nerviosa porque ya había entregado a la editorial el manuscrito de *El libro de las relaciones* y, aunque aún no lo tenía físicamente en mis manos, el texto acababa de empezar a distribuirse en digital. Mis amigas, Ben (con quien salía entonces) y yo estábamos esperando reacciones y preguntas del público. Decidí irme a la playa a ver si se me pasaba la ansiedad, pero estaba realmente fuera de mi cuerpo.

Esa noche ya tenía mi primera reseña en Amazon y al leerla empecé a llorar. Juraba que era de mi mamá porque era tan linda y dulce... Le pregunté, pero no había sido ella, era una reseña auténtica de alguien que se devoró el libro en un día. Había sido una reseña de corazón. Unas semanas después al fin tuve el libro en mis manos. Quizá no lo saben, pero uno se prepara para ese momento. Leer tu propio libro es como cuando un arquitecto entra por primera vez a una casa que diseñó. Puede que hasta ese momento hubiera podido ver las paredes, las columnas, sentir los materiales, pero hasta que no entra en su construcción finalizada, no se da cuenta exactamente de qué ha construido.

Mis amigas me hicieron una sorpresa para celebrar el acontecimiento. Esa noche Ben no estaba en la ciudad -si no lo recuerdan, él vive en otra-, así que salimos como salen las amigas un jueves, salimos como en un despecho compartido, con la emoción de una etapa que termina y el reconocimiento del esfuerzo que había implicado todo el proceso (acordar la portada, la fecha de salida y muchas otras cosas que me cambiaron y cambiaron lo que quería compartir). Celebramos que *finally... it was out!*

La noche terminó en la mañana y al llegar a mi casa le escribí a "Ex"corpio que también se había enterado de que el libro había salido, pero no tenía una idea cerrada sobre de qué se trataba. Menos mal que él estaba lejos de mi ciudad, porque yo estaba muy muy emocional y él también.

"Nobody else will be there then nobody else will be there..."

Adelanto un poco la historia hasta septiembre de 2017, cuando tres huracanes, un terremoto y un *request* de Escorpio estaban dejándome en pedazos. Él quería que nos viéramos para que le firmara el libro, y yo en verdad sabía lo peligroso que era estar cerca de él. Venía el huracán y él insistía en ayudarme a recoger mis cosas. Me dijo que "tenía que ser hoy" es decir, esa noche, porque al día siguiente él se iba a México, donde tres días después hubo un temblor muy fuerte. Pero no nos vimos, preferí que me ayudaran mis amigas y salimos apuradas hacia otra ciudad para evitar el huracán. El clima emocional en mi ciudad estaba muy tenso, todos estaban muy estresados. El pronóstico era que -literalmente- la península que es Florida se iba a borrar del mapa.

Para ese momento la relación a distancia con Ben, quien estaba aplicando a trabajos en Miami pero no conseguía mudarse, sufrió un distanciamiento que manejamos de la mejor manera posible. Ben empezó a ir a un *coach* después de leer el libro, porque al leerlo completo se le movieron muchas cosas que tenían que ver con su infancia. Hizo los ejercicios uno a uno, realmente se aplicó y en este momento puedo decir que ha avanzado mucho en lo que él consideraba sus "limitaciones".

De vuelta a "Ex"corpio y a las catástrofes naturales (que es lo mismo), pasa Irma (el huracán), pasa el temblor de México y poco a poco todos fuimos regresando, REGRESANDO.

Ya en Miami, de la nada y de repente cada una de mis mejores amigas se iba encontrando a "Ex"corpio en diferentes lugares. Yo me sentía bendecida y escarchada porque no me lo había encontrado, hasta que un día saliendo de pilates estaba con Chloe esperando el carro y él salió caminando de una oficina. Lo mejor era que yo estaba de espalda y tenía a Chloe en frente, le vi la cara que pone cuando algo tenso está pasando. Se puso transparente y puso una sonrisa forzada de lado. Lo siguiente que sentí fue un abrazo por detrás y un olor. Su olor.

Sweet Baby Jesus. Pero estuvo todo bien. No pasó nada. Hablamos los tres por un ratito y llegó el carro, así que adiós.

"Can you remind me the building you live in I'm on my way It's getting cold again but New York's gorgeous..."

Adelantando una semana y media más, "Ex"corpio me escribe:

"Ex"corpio: ¿cuándo me firmas el libro?.

Yo: ¿lo leíste?.

"Ex" corpio: Aún no.

Más adelante entendí la resistencia que tenía a leer todo lo que había adentro.

Yo: Chico, tendrá que ser luego porque me voy de viaje.

"Ex"corpio: Yo también. Estoy en el aeropuerto. ¿A dónde vas?.

Yo: A New York. Voy a ver a The National, al fin.

"Ex"corpio: Eh... yo estoy saliendo a New York. ¿Hasta cuándo te quedas?.

Esta conversación se da un martes, yo me iba el jueves en la noche. Él se devolvía a Miami el viernes a primera hora. El concierto era el viernes en la noche.

"Ex"corpio: ¿Dónde te quedas?

Yo: Donde siempre.

"Ex"corpio: ¿Y si cenamos?

Yo: Va, pero llego tarde".

"Ex"corpio: Me avisas cuando aterrices para ir al hotel.

Yo: Voy con una sorpresa.

"Ex"corpio: No me digas. ¿Te casas?

Yo: Ay, ay, ay. Allá te cuento.

La sorpresa era que Chloe se venía también. Habíamos armado un grupo de amigos. Todos nos íbamos a encontrar allá de diferentes ciudades para ir juntos al concierto.

Por si no lo sabían, Chloe y "Ex"corpio eran mejores amigos hasta que nuestra relación se acabó.

Y llegó el jueves. Mi vuelo salía a las 5:00 p. m. y llegaba a NY a las 8:00 p. m. Pero entramos en el avión y nos sacaron porque había un problema. El vuelo salió finalmente a las 7:00 p. m. Yo me dije "bueno, no tenía que ser y ya".

Llegamos y al rato le escribo: "Sorry! Se retrasó todo. Apenas saliendo de La Guardia para el hotel".

(Grillos, bolas de heno y silencio... no había respuesta).

Yo: No importa, Chloe, vamos a comer nosotras y ajá.

Nos bajamos del taxi. Estaban subiendo las maletas, entramos a hacer el *check in* y sentí el abrazo por la espalda.

"Ex"corpio: Acá te estaba esperando.

En mi mente: ¡TRES horas! Qué loco, loco de remate.

Yo: HOOOOLA.

Chloe: Hola, chico, ¡qué de años!

Subimos. Chloe se bañó y él y yo nos quedamos hablando, luego Chloe se quedó con él y yo entré a bañarme y al rato todos listos. Fuimos a comer y fue perfecto.

Nos entendemos, simplemente. Él puede mencionar cualquier etapa de su vida y yo he estado allí, igual que al revés. Preguntó por todos los amigos, me mostró fotos de su familia, me puso al día con los detalles.

Se acabó la cena, pero la noche no se podía terminar. Así que fuimos al lugar de jazz, a ese que nosotros íbamos. Se acabó el show, pero la noche no se podía acabar, así que fuimos a otros lugares que nos gustaban.

Ya muy tarde, la noche se tenía que acabar. Chloe me pasó un mensaje:

Chloe: Ya no puedo seguir de lamparilla, ¿qué hago? ¿Te vas con él? ¿Me busco otra habitación?

YO: (typing...) No, chica, acá nadie se va con nadie.

Llegamos al hotel, Chloe se bajó y él me dijo:

"Ex"corpio: Ya va. Vamos a hablar un rato más. Un rato que se convierte en horas y ya le digo yo...

Yo: Ya que no nos queremos dormir, pero tenemos que ¿por qué no te quedas y así vamos todos al concierto y vas a ver a todos los amigos que tanto extrañas?

"...Why are we still out here?
Holding our coats.
We look like children
Goodbyes always take us half an hour
Can't we just go home?..."

Siempre, siempre nos ha costado decir adiós. Desde que le conozco hace 17 años trancar el teléfono es un asunto, decir adiós por las noches también, pero lo de nosotros se acabó, una conversación se puede acabar y ya a estas alturas lo que sea que seamos, se ES con acción. Yo pensaba "o decide irse o encuentra esta oportunidad y se queda".

"Ex"corpio: No puedo, me estoy yendo porque me entregan el apartamento. Avísame cuando llegues a Miami.

Al día siguiente me desperté tarde para una reunión de trabajo que teníamos Chloe y yo. Al salir de la reunión tenía al menos 20 mensajes de "Ex"corpio que decían todo lo que uno hubiese querido escuchar o leer antes… mucho antes. Pero había decidido no quedarse el fin de semana conmigo en New York y yo quería observar qué sentía yo con respecto a eso.

Él se fue al aeropuerto y le cancelaron el vuelo, pero, tranquilos, igual se fue.

"…Hey baby, where were you back then?
When I needed your hand
I thought that when I stuck my neck out I'd get you out of your shell
My faith is sick and my skin is thin as ever I need you alone".

Nobody else will be there de The National

Nosotras nos devolvíamos a Miami el domingo, pero el sábado a Chloe se le presentó algo y decidimos irnos de una vez. Yo no iba a llegar y a avisarle que ya estaba en Miami, pero el sábado en la noche cuando Aniella subió un *story* conmigo en un lugar de la ciudad él me escribió para confirmar que ya había regresado.

Para septiembre, octubre y noviembre de 2017 volví con "Ex"corpio, que ahora volvía a ser Escorpio. No fue una experiencia del todo satisfactoria porque me sentía como el protagonista de la película *La memoria del agua* (Matías Bize) que gritaba: "si volvemos se siente como si nada pasó y yo no quiero olvidar lo que pasó". Volver a esa relación reafirmaba una creencia que yo guardaba dentro de mí desde la infancia: "soy culpable" o "yo soy la mala".

Escorpio, que es bieeen Escorpio, leyó cuidadosamente cada parte de *El libro de las relaciones*, y de cada cosa me hizo preguntas a las que ninguna respuesta era suficiente. Él no pudo perdonar cosas que leyó allí. La pasión estaba, el entendernos sin palabras, la capacidad de "leernos", de sentir que allí juntos estaba todo. Pero en cuanto a la experiencia humana la embarramos hasta más no poder y ya para noviembre le dije que no podía continuar. Inmediatamente empezó la gira "Mi locura ama tu locura" y con cada presentación yo sentía que estaba moviéndome hacia adelante.

Creo que cualquier persona de signo de fuego entiende lo que es moverse hacia adelante en el 1%, pero estar en el mismo lugar en el 99% hasta que despierta de verdad.

Siempre lloraba al final de las conferencias y siempre esperé algo, un contacto, un comentario a mí o a alguien que estaba conmigo (que él conoce de cerca) sobre la gira, pero fue al contrario. Él eliminó el contacto con los amigos en común, nos eliminó de sus redes, no quería ver nada de lo que estaba pasando.

Fueron solo seis meses de gira, parecería poco, pero internamente fue mucho. Tuve el cumpleaños más raro, seguía trabajando frenéticamente y seguía en análisis, tratando de entender por qué no terminaba de soltar a Escorpio. En verdad lo que necesitaba era una experiencia que me sacudiera.

Fue mucho más tarde que entendí que con lo que tenía que terminar era con la voz de mi mente que quería entender algo que tocaba sentir. Yo esto lo sabía, de hecho, hablé ampliamente del tema en *El libro de las relaciones*, pero tenía que parar, y parar de verdad, para sentir.

"But I won't follow you into the rabbit hole
Last night I woke but then I saw
The ship of woes but didn't want me to
It's a terrible love and I'm walking with spiders
It's a terrible love that I'm walking in"

Terrible love de The National

Coaching Session...
NOTA BREVE SOBRE LOS CIERRES

> Chloe dice que uno nunca termina de superar a alguien, que uno aprende a vivir sin él/ella y aprende a permitir que otras personas entren a su vida y la llenen de novedad, color, experiencias, nuevos sabores, pero que uno no tiene un cierre propiamente dicho, parte de uno queda en esa historia como un fantasma. Queda el sabor de "¿qué tal si...?".

Cerrar las historias tiene que ver con volver a la "herida original" (ese primer gran dolor emocional que experimentamos de niños y que marca un vacío que luego intentamos llenar a lo largo de nuestras vidas en otras relaciones, hasta que nos hacemos conscientes de ello y decidimos sanar). Incluso sabiendo eso, muchas veces queremos -más que "necesitamos"- un cierre con esa persona que abrir la herida o, mejor dicho, a la que le permitimos hacerlo. Una herida, una cicatriz, nunca es algo que nos enorgullece mostrar. Usualmente la tapamos. Pero de vez en cuando conocemos personas que nos muestran las suyas o que saben desnudar las nuestras. La intimidad que se crea al sentirnos aceptados con lo que no es tan hermoso en nosotros es una sensación inexplicable, difícil de superar.

Entonces, quizá es eso: no queremos dar cierre a una conexión que nos permitió ser oscuridad, ser lo que usualmente no nos dejamos ser, ser la herida para poder empezar a sanarla.

Personalmente, creo que ningún cierre será suficiente para sanar la herida completamente, incluso cuando uno ya está en otra historia, o cuando se va a otra ciudad. Sueños, recuerdos, canciones, momentos, le dan puente al inconsciente para mover la herida. Sin embargo, tengo la certeza de que el tiempo convierte la herida en cicatriz y el trabajo interno en un punto de luz. Lo sé porque yo he llegado allí y personas que he atendido también.

Por eso quería hablar de esto: del cierre tan atractivo, tan engañoso. Si cuando volvemos a nuestra ciudad natal nos sentimos de la edad que teníamos cuando nos fuimos, si al ver a mamá y papá nos comportamos un poco como niños, volver con una expareja para tener un cierre puede llevarnos de vuelta al lugar del que luchamos por salir. Cuando lo buscamos, manifestamos y revivimos el dolor por un tiempo más. Con suerte usamos la experiencia para enmarcarla de una manera distinta y nos movemos hacia adelante en lo que parece ser un camino interminable de superación que no tiene que ver con el otro, sino con uno mismo y el trabajo de conocernos.

Por eso, si tienes o buscas un cierre, ten en cuenta esto: terminar es una decisión.

Moverte hacia adelante también. Un cierre puede hacerte tanto bien como mal, todo depende de tus expectativas y en eso tienes que ser honesto contigo mismo. Puede que por un momento vuelvas a un lugar emocional, pero en todo caso nada puede borrar todo lo que ha pasado, todo lo que has descubierto (en ti).

No soy juez y nadie lo es para decir que los cierres son negativos, o que de ellos no pueda nacer una segunda o enésima parte en la relación, solo quiero señalar que es importante saber lo que buscamos con ellos, saber que no hay cierre ideal, que no hay uno a la medida y menos a la medida de las dos partes, ya que todos pensamos diferente, por mucho que logremos alinearnos tan pero tan bien con alguien cuando estamos juntos.

CAPÍTULO 6

El Camino a casa

(De lo familiar al verdadero hogar)

AXIS
CÁNCER – CAPRICORNIO
CASAS 4 Y 10

Este capítulo es para:
+ Personas con nodos en Cáncer y Capricornio
+ Personas que aman a alguien con nodos en Cáncer y Capricornio
+ Personas con nodos en casas 4 y 10
+ Personas experimentando eclipses en casas 4 y 10

+ Personas con Nodo Norte en Cáncer y Nodo Sur en Capricornio
+ Personas con Nodo Norte en casa 4 y Nodo Sur en casa 10
+ Personas con eclipses de Nodo Norte en casa 4 y de Nodo Sur en casa 10

Panorama general

Al momento de escribir este libro, estamos teniendo eclipses Cáncer-Capricornio. Es un periodo que va de 2018-2020 y aunque tomen este libro más adelante, recordarán que estos fueron años en los que empezó a hablarse abiertamente de la importancia de la vulnerabilidad, de parar, de desconectarnos de los estímulos digitales. Tampoco es casual que en este tiempo haya un *boom* de información sobre terapias como *reparenting* y el niño interior.

El estar teniendo estos eclipses hace que todos estemos viviendo en menor proporción lo que los nativos del Axis nodal Cáncer-Capricornio vinieron a experimentar en esta encarnación: aceptar que el verdadero éxito no viene del área profesional, sino de tener una vida que se comparta con otros que consideran familia.

Esto no quiere decir que una persona con estos nodos no tendrá éxito jamás. Sí lo tendrá, de hecho, no hay nodos que determinen más el éxito en el mundo material que estos, pero esto no les dará total satisfacción. Su verdadera sensación de éxito y plenitud vendrá de estar en paz con sus emociones, y esto solo lo lograrán después de aprender lecciones de vida que les llevan a recablearse, a redefinir sus conceptos de hogar, estabilidad, familia, de alguna manera, a hacerse *reparenting*. Para los interesados, más adelante explico a fondo en qué consiste esta terapia.

Efectivamente, las personas nacidas con el Nodo Norte en Cáncer y el Nodo Sur en Capricornio vienen de vidas pasadas en las que vivieron únicamente para surgir, trabajar, sacar adelante a su familia. Usualmente hay un peso o culpa que sienten que tienen que pagar, que cumplir y, aunque no sea algo consciente, es un motor que les lleva a recrear esto una vez más, pero esa no es su misión en esta encarnación.

Una muy buena amiga, llamémosla Valentina, nació con el Nodo Norte en Cáncer y Nodo Sur en Capricornio. Valentina es Leo, ascendente Virgo. De pequeña tuvo una infancia ruda y con muchas dificultades económicas, así que desde que pudo empezó a trabajar. Recuerdo que una vez estaba creando una clase y le pregunté (siempre pregunto entre mis conocidos antes de aplicar métodos con ustedes) cuál era la memoria más temprana que tenía del dinero. Ella me dijo: "la recuerdo perfectamente. Fue una tarde en la que nos quedamos sin electricidad, le pregunté a mi mamá qué pasaba y me dijo que no tenía cómo pagarla, y así estuvimos durante varios días. Mi próximo recuerdo es ver a mi mamá con un novio nuevo y, bueno, teníamos electricidad". Valentina nació *hustler* (personas que trabajan, emprenden, y tienen gran cantidad de energía dedicándose a esto), ha tenido muchos trabajos y con ellos logró mantener a su familia. Su último gran trabajo fue tener su propia firma de bienes raíces con muchas personas trabajando para ella. Cuando tenía 35 años se enamoró, se casó con un hombre "muy de familia" y con una visión un tanto estricta sobre la importancia de las costumbres, la tradición y la religión, así que, un par de años más tarde, Valentina dejó de trabajar para dedicarse a su familia y a sus hijos. Pero cuando el segundo ya estaba en edad de ir a la escuela, Valentina se dispuso a volver a trabajar. Verán, ella pasó por una fuerte depresión y alegaba que se debía a estar en su casa todo el día, no tener tiempo para ella y no tener una meta por la cual trabajar. Sé que con esto muchos pueden estar infartados... ¿y sus hijos? Valentina ama a sus hijos, pero eso no quiere decir que no extrañara trabajar, tener proyectos, reunirse con otras personas, etc. Valentina la pasaba muy mal en reuniones de juego. Decía que no tenía nada de qué hablar con las otras mamás y es que, en verdad, Valen es una "anti-mamá" en el sentido que jamás la escuchas hablando de algo de los niños o dando consejos a otra amiga que está embarazada o recién dada a luz. Se apasiona al hablar de lo que está pasando, de planes, si le contamos que estamos haciendo otras amigas en cuanto a trabajos, proyectos, etc. La relación con su pareja es buena, se aman, pero tienden a discutir porque ella "debería" estar más interesada en cosas de la casa, y no le es natural, se ha esforzado mucho, pero no le es algo que se le de o que le salga con muchas ganas.

Resulta que ahora está emprendiendo de nuevo y hasta su cuerpo ha cambiado. Su actitud, su energía, su luz, sus ganas. Parece que Valentina está de vuelta al ruedo trabajando, pero otras áreas de su vida se están viendo afectadas. Entre más fuerte se siente -porque siente que está volviendo a ser ella- más situaciones se han presentado con sus hijos y más cambios negativos ha tenido su relación. Valentina fue a un terapeuta para lograr tener balance en estas dos áreas de su vida, y en verdad se quedó en terapia entendiendo que lo que está haciendo es tratando de ser la misma que fue cuando estaba luchando por sobrevivir cuando era pequeña, aunque ya no es necesario, pero era lo que conocía. Lo que Valentina no conocía era apoyarse en otro, la comodidad, respetar el gran trabajo que es ser madre y que lleva tanto mérito, y más que un trabajo que dé estatus. Y no, esto no quiere decir que ella debe quedarse en su casa, de hecho, sigue con su emprendimiento, pero hacer trabajo interno de esas inseguridades materiales de su niñez le llevan a apreciar mucho más su vida personal y a ponerla como prioridad, no después de su negocio. Valen aún está trabajando en esto, en aprender a sentarse con sus emociones y soltar el control son cosas que toman tiempo.

Misión
de vida

Las personas que nacieron con estos nodos vienen con una maleta con grandes talentos de sus vidas pasadas que no tienen que desechar. Véanlo de esta manera: personas con el Nodo Sur en Capricornio fueron excelentes líderes, gerentes, presidentes de empresa, cabezas de familia, los que lograron sacar a muchos adelante. Por eso en esta encarnación saben cómo manifestar esto de 0 a 100, saben sacar el líder en sus trabajadores, saben delegar, saben armar proyectos, saben proteger, saben hacer dinero, hacerse cargo. Pero si en esta encarnación no usan esos "dones" activando el Nodo Norte en Cáncer, se convierten en su calvario porque crecen fríos, desconectados, como el papá que provee pero no sabe cuál es la comida favorita de su hijo. Esto también les hace sentirse como si otros solo les quieren para que provean y tienden a poner muchas pruebas a otros para ver si es así, si les quieren por quienes son o por lo que dan. Pero es un *catch* 22 porque igual no quieren dejar de proveer, porque les hace sentir superiores y tienden a preferir a alguien que dependa para no perder el control.

Las relaciones así quizá tuvieron éxito en el pasado, sobre todo si esta persona era la figura masculina, pero en este momento y seguramente en el futuro no será así. Hoy por hoy -a pesar de que muchos siguen atendiendo a ver quién tiene más- las personas conscientes queremos conectar de persona a persona, vemos más allá de las fachadas de personas exitosas o con estatus que no están felices o que están descubriendo que la profesión no siempre es la misión de vida, y que uno es mucho más que lo que hace a nivel profesional.

Su misión es llevarse a casa. Pero hay un gran obstáculo en ello: resulta que estamos en una sociedad que aplaude en grande a los que producen sin parar, a los que viven para trabajar, a los que ponen su trabajo antes de su vida personal y recompensan los sacrificios que hacen a sus emociones o, dicho de otra manera, condecoran a los que no se dejan sentir con slogans como "recuerda tu meta y olvídate de lo que sientes".

Las personas con estos nodos han venido a aprender a nutrirse y a aprender a nutrir a otros, a conectar con su poder personal a través de su vulnerabilidad, de su regulación emocional.

Deben aceptar que el estado de ánimo cambia como las fases de la Luna, que no puede ni tiene uno que estar perfecto siempre y que, si uno va a crear o a producir, debe tener como meta ayudar a los cercanos, atender las necesidades propias y las de ellos, más que acumular posesiones de marca o que le den estatus.

Lección kármica

Esta configuración nodal realza la energía madre que es la que sana al planeta. Estos nativos tienen por delante el proceso de reconciliarse con su guía interna, con sus emociones, con su intuición para poder confiar en sí y enseñarnos a todos que el mundo que nos presentaron puede cambiar. No todo es trabajo. No todo es cumplir con el deber ser. No podemos seguir viendo al mundo a través de los ojos de unos pocos que apuestan por mantenernos adormecidos y actuando/produciendo como máquinas. Hemos nacido para dar y RECIBIR amor y todos estamos tratando de llevarnos a casa en vez de seguir corriendo sin saber hacia dónde ni por qué. Estos nodos también son la celebración de la energía femenina, que no es lineal, por tanto nos ayuda a dar final a la condena de la demostración de emociones, nos activa la capacidad de cambiar y regenerarnos, de ser fértiles, de darnos a luz una y otra vez, en vez de seguir siempre a las masas.

El nativo de estos nodos debe hacerse consciente de cómo la búsqueda de reconocimiento, control, estatus, satisfacer el deber ser, tener metas materiales, etc., le desconecta de sus emociones y le lleva a conectar con personas similares con quienes no siente lo que más anhela: conexión real y sensación de "hogar". Vivir haciendo cosas para sentirse importante o para hacer las cosas mejor que sus padres puede ser el motor de su vida, la chispa de su ambición, pero puede quemarles en el proceso. Incluso al lograr las metas ambicionadas, se ponen otras más grandes e inalcanzables, ya que no saben parar para disfrutar lo que han logrado. Hay una obsesión con las metas, pero siempre llega un evento emocional o una fecha de "estar en familia" que les despierta para ver la otra parte de la realidad que han creado.

Esto no quiere decir que no tendrán familia e hijos, claro que sí, y son ellos, los familiares e hijos, los que les traen más lecciones de contraste que les harán despertar. Usualmente sus relaciones más kármicas son estas personas o parejas en esta vida que fueron familia en vidas anteriores, cosa que pueden identificar por la familiaridad que sienten a su lado y/o porque solo estar en su presencia los lleva a atender lo que no quieren: su mundo interno.

Estos nativos deben sacar tiempo para calmar la mente y entrar en su cuerpo, para reconectar con su GPS interno y restarle importancia al trabajo o a producir constantemente. Poner el foco en nutrirse y compartir desde allí es importante para seguir haciendo lo que hacen, pero esta vez desde un lugar distinto, humano, real y en colaboración con otros.

TIPS para RELACIONARTE mejor SI tienes ESTA CONFIGURACIÓN nodal

1. Empieza por entender que una cosa es lo que quieres y otra muy diferente es lo que necesitas. Tu Nodo Norte en Cáncer está regido por la Luna, de hecho, los nodos son "nodos lunares del karma", así que saber donde está tu Luna natal y darle lo que necesita es importante. De manera general, lo que quieren personas con estos nodos es estar en posición de autoridad o tener poder para hacer lo que quieran. Lo que necesitas de verdad es conectar con tu poder personal y, para eso, tienes que conocerte y trabajar las inseguridades de tu infancia y adolescencia que tapaste con logros en cuanto a títulos u objetos.

2. Edúcate a nivel emocional. *Mindfulness,* meditación, yoga y terapia de conducta te ayudarán a entender tus diferentes estados emocionales y cómo no huirles o taparlos con tareas o situaciones donde tomas el control sobre ti y sobre otros. También observa si tienes conductas de extremo control sobre ti, por ejemplo, al no dejar tiempo libre o si te molesta en extremo que haya cambios de planes.

3. Nota si demandas respeto de los demás o te importa ser visto siempre como una persona de autoridad e inaccesible, y pregúntate qué pasa si no, qué ganas cuando de hecho es así, y también quiénes se han distanciado o se han alejado por este tipo de actitudes.

4. Pregúntate si tienes la actitud de "el fin justifica los medios" y por una meta has saboteado relaciones. También pregúntate: ¿se han visto afectadas tus relaciones por tu trabajo?, ¿varias relaciones?

5. ¿Son tus papás, tu pasado, tu familia, un tema tabú para ti? Arriba les mencioné que Madrid no quería hablar de su familia. Mucho más adelante entendí la molestia que tenía con su mamá y el porqué no confiaba en mujeres, menos si eran trabajadoras y exitosas. A pesar de que intentaba controlar igual a todas sus novias (como cuando me dijo que estaba en total desacuerdo con *El libro de las relaciones*), que han sido el reflejo de su mamá, autora también, por cierto. Resulta que lo que rechazamos igual lo vivimos. Si hay algo de nuestros padres que no nos gusta, tenemos que entenderlo e integrarlo, porque rechazarlo también nos hace sentirnos atraídos, aunque no de manera consciente, aparte de que repetiremos situaciones y lecciones hasta que las aprendamos y, para hacerlo, hace falta estar conscientes y con actitud de rechazo. Sin entender que el rechazo siempre es hacia algo interno, es difícil superarlo realmente y aceptar a los demás que puedan tener estos rasgos. Noten también que en el caso de alguien con estos nodos, querer "corregir" a otro y así corregir a los que tienen esos rasgos que se rechazan es súper seductor, porque les pone en una posición de autoridad. ¿Has caído en esto? Busca a un terapeuta de *reparenting* o del niño interno que pueda ayudarte.

6. Nota si ser fuerte es algo que te da mucho gozo. Por "ser fuerte" me refiero a no sentir el/la que no lloró en la película, el/la que superó al ex en diez días. Mi pregunta es ¿te has movido hacia adelante física o emocionalmente?, porque físicamente no dudo que te muevas rápido, pero emocionalmente... Solo el tiempo lo dirá. Ustedes son personas que postergan el procesamiento emocional, pero tarde o temprano toca, y mejor que seas tú quien inicia el proceso a que sea una situación más fuerte la que lo haga prioridad.

7. Nota si eres un tanto transaccional en tus relaciones o si quieres una relación porque es lo que toca, lo que te dará estatus, lo que te lleva a poner un ganchito de "hecho" en tu lista de cosas que por cumplir en esta vida. Parece obvio que te diga que de esta manera no te sentirás feliz, pero, porque lo he trabajado con clientes, la persona con estos nodos no es que tenga una lista fría de cosas por hacer para satisfacer a la sociedad, estos nativos pueden creer que de verdad quieren una pareja, pero en sesión se han dado cuenta de que cómo lo quieren sí está muy enlazado con lo que se ve bien y lo que añadirá estatus, y les es súper importante, más que las cualidades y valores que el otro puede tener.

8. Tarde o temprano te tocará aprender a sacrificar asuntos de trabajo u oportunidades para destacarte si no has atendido tu vida personal. Usualmente si estás ya en una etapa donde asuntos profesionales no cuajan o están estancados, llegó la hora de "ir a casa" a atender lo que está adentro.

9. Usa todo lo que sabes de negocios, organización, cómo hacer dinero, etc., y pásalo a otras personas. Esa puede ser una manera de nutrir a otros con los dones que traes de vidas pasadas.

10. Honra. En 5D no hay fanatismo o eso de rendir pleitesías. En 5D o la dimensión de alta frecuencia espiritual hay admiración y reverencia. Honra cada ser vivo. Honra todo lo que tienes, lo que traes de tus vidas pasadas, los retos que presentan tus relaciones más cercanas para que cambie tu actitud y puedas aprender lo que toca, para finalmente soltar el gran peso que traes y el *drive* no consciente de ser importante y entiendas que todos lo somos.

TIPS para RELACIONARTE con un(a) nativo(a) DE ESTA CONFIGURACIÓN nodal

1. Con estas personas es bueno tomarse las cosas con calma. Ante la intensidad emocional tienden a responder con control, así que pueden poner un freno de golpe a su relación si sienten que están enamorándose. Tomarse las cosas con calma ayuda a que se tengan más confianza y él/ella no sienta que tiene que cuidarse y controlarse.

2. Duro pero cierto, estos nativos se sienten atraídos a personas que les dejan tener el control. La mayoría de las veces esto no es un proceso consciente. Es muy simple: si están acostumbrados a hacerse cargo, no se van a sentir en control y, por tanto, tampoco en su máximo de atracción si están peleando con otro por poder. Prefieren a alguien que mantenga ese ego que les interesa proyectar, por eso, si quieres una relación consciente, pregúntate tú también si has buscado una persona así porque tú quieres que otro se haga cargo. Estarían entonces en una relación codependiente: tú dependiendo de él/ella que está a cargo y él/ella dependiendo de ti porque necesita seguridad o protección. De ser así, hay que trabajar otro asunto importante de personas con estos nodos: dinámicas madre/padre de sus parejas. Si esta persona es alguien que en realidad amas, hay que revisar esas dinámicas antes de que causen problemas.

3. Celebra sus habilidades de hacerse cargo, de anticiparse a lo que se necesita, de mantener todo en orden. De verdad, sus esfuerzos deben ser apreciados, pero motívale a que no haga todo solo, pregúntale qué puedes hacer tú, cómo puedes repartir la carga. Al inicio no querrá y muchas veces te dirá que nadie hace x cosa tan bien como él/ella, pero tú que sabes cómo va su karma insiste en que es mejor repartir la carga y que con el tiempo aprenderán a organizarse mejor como equipo, como pareja, como familia.

4. Cuando te hable de situaciones de trabajo, atrévete a preguntarle cómo se siente. Esta es la situación: estos nativos se ven autosuficientes, como tienen todo bajo control para qué preguntarles por sus proyectos... ¿no? Y tampoco es que te dejen entrar mucho en los detalles de sus días en la oficina, pero te aseguro que le desarmarías si empiezas a interesarte genuinamente por su "proceso emocional" en todo lo que está tratando de lograr. Lo que me lleva a otro punto: enseñarle que es más importante el desarrollo de un proyecto, y lo que aprende en el mismo, que la meta. Esto va a estar difícil y quizá no se lo enseñas de una vez o no se lo enseñas por la parte profesional, pero puedes hacerlo con metas que tengan juntos, metas que en su desarrollo les unen más, y entonces ya estar trabajando por ella es en sí es una ganancia.

5. Ya dentro de la relación (no antes de estar formales porque le vas a espantar) toma la delantera y hazte cargo de ciertos eventos, como tener todo listo para su cumpleaños o encargarte de la cena la semana que tiene una presentación importante. Haz que él/ella sienta que tiene un compañero, al mismo nivel que también puede hacerse cargo de las cosas. Y hablando de cumpleaños, estos nativos no se molestarán si les regalas algo que puedan experimentar a solas. Y sí, la meta es que en esta vida no se aíslen sino que compartan, pero tener un tiempo fuera, para celebrar después contigo, les ayuda a soltar presión y abrirse un poco más.

6. Si estás en relación con este nativo, ten paciencia en el manejo de sus relaciones con familiares. Ponte de su lado y cuando esté calmado trata de hacerle ver cómo el manejo de cierta relación es algo que le haría bien sanar. Es posible que tenga inconvenientes con algún familiar tuyo y que no tolere que alguien de tu familia tome decisiones por ti. La verdad es que es una situación a manejar con guantes de seda. Entiende que han encarnado para sanar muchas cosas a través de ambientes familiares. El día que el nativo entiende esto cambia su perspectiva en cuanto a esas diferencias que tiene con otros, porque empieza a aceptar que tiene que ver por detrás de lo que está pasando, pero él/ella decidirá cómo llegar a esta información. Mientras tanto, trata de hacerle ver esto de la manera más amorosa posible.

7. Los hijos de estos nativos son sus lecciones kármicas más grandes. Sé que toda persona que tiene hijos pensará que esto aplica a todo el mundo, pero así como las personas de nodos Tauro-Escorpio reciben las lecciones más grandes en situaciones de posesión, dinero y pasiones, las personas con nodos Cáncer-Capricornio las reciben a través de la familia y el legado, eso señala directamente a sus hijos con los que sin duda tienen conexiones de vidas anteriores y saben tocar sus botones muy bien. Tú, siendo el otro padre, muchas veces sentirás que ellos tienen una dinámica única, aunque el hijo se lleve mejor contigo.

El nativo puede llegar a sentir que tiene que decidir entre la relación contigo o el hijo hasta que sienta que tú y él/ella (nativo) son un equipo. Es algo que le ayudará a sanar y que necesita sentir para poder abrirse a las lecciones de amor que el hijo trae a su vida.

8. Sé espejo expansor de lo bien que le haría nutrirse. Si tienes buenos hábitos, anímale a que los compartan. Esta persona necesita aprender a nutrir su cuerpo físico, el emocional y su alma. Comer bien, cuidar de sí, meditar y tener tiempo de desconexión. Crear momentos donde pueda relajarse y sentirse bien sin fachadas son un bálsamo para su corazón.

9. Nunca le hagas comentarios hirientes cuando se están abriendo emocionalmente. Nunca le compares con un familiar o digas que es él/ella el/la que tiene que "arreglar su cabeza" en terapia. Si este nativo está dispuesto a buscar ayuda, colabora. A la mayoría le toca resignificar su infancia, entenderla desde otro punto de vista. Este proceso requiere una persona que pueda hacer espacio sin juicio. ¿Eres tú esa persona? Es importante que te lo preguntes. Al relacionarnos de manera consciente también tenemos que entender que la persona que escogemos como pareja tiene correcciones en vida y que nosotros estaremos acompañando ese proceso así como él/ella el nuestro.

10. Cuando te aparte para procesar lo que siente, sea trabajando horas extra o evadiendo tiempo a solas, dale un chance, pero toca el tema con amor para que le ayudes a conectar consigo y contigo, en vez de acumular y callar, que es lo que muchas veces le lleva a estallar.

Coaching Session... NOTA BREVE SOBRE EL REPARENTING

El *reparenting* es una forma de terapia psicológica que busca que el paciente sea capaz de reconocer lo que no le fue dado de niño y empezar a proveérselo él mismo. Esta terapia empezó en los años 60 gracias a Jaqui Lee Schiff. Ella, ya siendo terapeuta, se dio cuenta de que más que volver a ciertos puntos del pasado era bueno llevar a la persona a esas emociones de la adolescencia o infancia donde algo se quedó atascado para resignificarlas y vivenciarlas de manera diferente. De esta manera el paciente podría integrar, sanar y no tapar.

Esta terapia también se conoce como terapia del niño interno o del adolescente interno, y aunque está muy de moda ahora justo con los eclipses Cáncer-Capricornio (2018-2020), ya tiene tiempo y muestra buenos resultados, sobre todo porque trabaja las emociones y no solo la mente al analizar las situaciones.

¿Cómo saber si necesitas *reparenting* o te ayudaría la terapia del niño interno?

+ Tienes dificultades para nutrirte apropiadamente a nivel físico y emocional, o tienes un desorden alimenticio.

+ Tienes relaciones tormentosas.

+ Te abandonas en relaciones con personas que no te corresponden.

+ Tienes relaciones codependientes o te cuesta entablar relaciones sanas con otros.

+ Haces responsables a otros de tu bienestar.

+ Te quedas enganchado(a) en una situación por más tiempo de lo que es sano.

+ Tu voz interna es muy crítica.

+ No cumples lo que te prometes.

+ No cuidas bien de ti en lo más básico.

+ No sabes decir "ya basta" cuando hace falta y no sabes poner sanos límites.

+ Haces cosas para lograr el amor, validación y aplauso de otros.

+ Te sientes sin apoyo o solo a pesar de que hay personas a tu alrededor.

+ Hay desbalances muy notorios en las áreas de tu vida. Por ejemplo: toda tu vida dedicada al trabajo y no a cultivar tu vida personal.

+ No te gusta que otros cuenten contigo.

+ Tienes adicciones.

+ No sabes manejar tus emociones y tienes un mecanismo de defensa para intentar manejarlas que es nocivo para ti.

+ Evitas enfrentar las situaciones.

Para empezar tienes que aceptar:

1. Que tus padres no pudieron darte lo que necesitabas, pero no fue por falta de amor, sino quizá por falta de claridad o consciencia.

2. Que no estás tarde y que vales este trabajo, que depende de ti empezar.

3. Que necesitas un cierre con tus padres y con varias personas, y que tú puedes movilizar ese proceso.

4. Que no puedes analizar la situación hasta el infinito, que hay que aceptar.

5. Que algunas personas no abren los ojos a tu mismo tiempo y no se disculparán.

6. Que no puedes devolver el tiempo ni cambiar a otros.

También es importante que al empezar este trabajo te atrevas a poner límites sanos pero marcados, sobre todo si:

1. Tú mantienes a uno de tus papás.

2. Eres el confidente de tu mamá o papá.

3. Estás de lleva y trae en la dinámica familiar.

4. Vives con uno de ellos.

5. Uno de tus padres tiene una adicción.

6. Uno de tus padres se mete mucho en tus situaciones y decisiones.

7. Uno de tus padres tiende a borrar tus límites.

8. Uno de tus padres proyecta en ti lo que no pudo hacer.

9. Eres comparado constantemente con uno de tus hermanos.

10. Uno de tus padres se molesta con tu trabajo interno o despertar porque también les hace ver cosas que él/ella tiene que cambiar.

Lo que puedes hacer tú:

- Meditar.
- Yoga.
- *Journaling*, escribir en tu diario.
- Rituales que te conectan contigo.
- Sentarte con las emociones prácticas de *mindfulness*.
- Empezar a poner límites.

Lo que no puedes hacer tú y para lo que necesitas un especialista:

Los terapeutas especializados en *reparenting* te guiarán a través de ejercicios dinámicos para que puedas hacerte consciente de lo que te ha faltado e incluso identificar cuándo empezó la situación. Es también el facilitador/terapeuta el que puede llevar una evaluación objetiva de tu avance, porque muchas veces te costará verlo o notar cómo le estás dando la vuelta a la vieja narrativa.

Últimas observaciones:

+ El terapeuta no es tu figura materna o paterna, pero no es una persona fría.

+ Sabe crear el espacio emocional para que te sientas seguro y te abras.

+ El terapeuta que hace *reparenting* sabe cómo hacerte sentir el apoyo sin crear codependencia.

+Puede tomar tiempo, mucho tiempo, pero también necesitas pausas de integración como en cualquier terapia.

+ Ayúdale a tu terapeuta a ayudarte. Toma nota de lo que piensas, de tus días, de lo que estás notando y de tus sueños.

+ Pídele que te ayude a notar el espíritu de las cosas: lo que hay detrás de cada situación.

+ Trata de identificar la edad donde ocurrió el hecho o lo que te está doliendo.

- Personas con Nodo Norte en Capricornio y Nodo Sur en Cáncer
- Personas con Nodo Norte en casa 10 y de Nodos Sur en casa 4
- Personas experimentando eclipses de Nodo Norte en casa 10 y de Nodo Sur en casa 4

Panorama general

Mi amiga Aniella y mi hermana tienen esta configuración nodal. A Aniella la conocieron por primera vez en *El libro de las relaciones*, y lo último que supieron de ella es que se fue de viaje sola y que después de eso tuvo que aprender a organizarse económicamente para lograr la meta que tenía de mudarse también sola. Lo logró, pero no sin percances que tienen que ver con organización y, sobre todo, con cómo todos hemos colaborado con que ella tenga total seguridad de que alguien va a resolver las cosas en caso de emergencia. Ella siempre logra ser la chiquita de la situación (y no es algo consciente), la que todas cuidamos aunque ya no es la menor del grupo, pero se siente así: hay que avisarle cuándo hay que pagar los impuestos, que hay que renovar el seguro o que la fecha de la renovación de contrato de su renta viene, porque la última vez tuvo una situación con eso. Y no se trata de ego de víctima, se trata de que bien adentro ella sabe que alguien se va a hacer cargo, pero esto no es bueno para ella y tampoco puede ser así siempre. En algún momento tiene que "crecer" y hacerse cargo. Tomar las riendas de su destino y no depender.

Con los eclipses de tránsito en Cáncer y Capricornio, pero inversos a los nodos de Aniella, las lecciones en cuanto a asumir responsabilidad y madurar empezaron a caer una detrás de la otra, pero no en mala onda. Verán: si Aniella tiene el Nodo Norte en Capricornio y el Nodo Sur en Cáncer, pero estamos teniendo eclipses de Nodo Norte en Cáncer y de Nodo Sur en Capricornio, Aniella abre una puerta con cada eclipse de limpieza. Ella está abriéndose caminos con los eclipses sobre sus nodos y tiene más facilidad para cortar y soltar lo que antes le causaba tanto apego. Por ejemplo, estos nativos de Nodo Norte en Capricornio y Nodo Sur en Cáncer son muy apegados a su familia o a algún familiar. Aniella finalmente se fue a vivir sola. Asimismo, mi hermana que es muy pegada a mi mamá consiguió un trabajo increíble pero lejos de la ciudad donde vivimos, y también ya grande, hecha y derecha, aprendió a manejar para aprovechar esa oportunidad.

Como pueden notar, estos nativos tienen la tendencia a ser "los bebés" de la casa y mantienen esa actitud cuchi gran parte de su vida, pero han encarnado para cortar el cordón umbilical -no en mala onda-, ser responsables y asumir las riendas de su destino.

Estos nativos vienen con grandes regalos de sus vidas pasadas en las que su familia, lo conocido y lo predecible eran sus prioridades.

+ Gran intuición.

+ Capacidad para demostrar sus emociones.

+ Buena memoria.

+ Estar allí para personas que consideran su familia, de manera muy leal.

+ Les gusta nutrir a otros.

Sin embargo, esos regalos de su Nodo Sur pueden ser impedimentos si...

+ La intuición empieza a decorarse y no buscan información práctica en situaciones importantes.

+ Solo confían en los consejos de personas de su familia y no salen a tener experiencias diferentes.

+ Se niegan oportunidades por no dejar el nido o no alejarse de lo conocido.

+ Se quedan enganchados en el pasado.

+ Esperan que siempre sea otro quien se haga cargo.

+ No saben poner límites a su familia natal y eso causa problemas en la familia que están creando o por crear. Muchas veces permiten que sus familiares se metan en cada pequeña decisión que debería ser de dos.

En vidas pasadas estos nativos tuvieron que quedarse cerca de su familia por cuestiones de supervivencia. También les fue importante preservar el apellido, las costumbres y la religión y, por eso, la unión con quienes son como él/ella les es importante, porque son los que conocen la historia, las razones y se entienden sin palabras. Esto también causa que en esta encarnación, si tienen mucho tiempo con alguien, pero la relación no funciona, igual no la dejan porque ya él/ella es como familia y si un vínculo de amor o amistad de años se termina, les cuesta mucho soltar y empezar de nuevo.

Muchísimas veces para mantener vínculos le dan a entender al otro que tiene el poder de tomar sus decisiones, así crea un vínculo de codependencia que le hace sentir seguridad. Pueden ser cosas tan simples como abrir una cuenta con su hermano, darle todas las claves secretas a su mamá o estar siempre presente para un primo, porque así también se asegura de que el otro estará para él/ella.

Buscar siempre sentir este apoyo les limita en la toma de decisiones y por eso no se pulen como para ser asertivos y abrirse nuevos caminos. La maravillosa intuición que traen de vidas pasadas necesita esta práctica para afilarla aún más y ponerla en servicio de sí y de otros.

Misión

de vida

Tu misión de vida es aprender a confiar en ti, madurar, crear algo y dejar un legado, y sí, para la gran mayoría esto tiene que ver con su profesión o puede ser crear una situación que te permite a ti sacar a tu familia adelante o hasta romper con un patrón de codependencia que tienen varios miembros de tu familia kármica.

Tu meta también es causar un impacto en la comunidad con tu historia de surgimiento, enseñando al mundo que la intuición, la energía femenina (seas hombre o mujer), la creatividad y las emociones pueden ayudarte a tener éxito, y no como muchos pensaban que uno tenía que callar su lado emocional para ser un robot y triunfar.

Muchas personas nacidas con estos nodos han usado sus experiencias de la infancia y de familia para transformarse como ave fénix y hacer de ese proceso uno que ha iluminado a muchos. Pero justamente, el proceso ha incluido soltar el pasado, soltar el drama familiar, perdonarlo y abrirse camino en el mundo.

Lección kármica

He atendido a varias personas con estos nodos que están empezando su camino como sanadores para ayudar a personas que están consumidas en su vida profesional o que no saben cómo volver a conectar con su sensación de casa. La chispa pura que tienen no se extingue aun con los retos que les pone la vida. La mayoría son muy intuitivos y terminan sin mucho esfuerzo en profesiones y proyectos que mantienen su magia.

Las caídas que tienen que ver con el mundo material son predestinadas para estos nativos; tarde o temprano tienen que aprender a lidiar con ello, así como con la relación kármica con sus familiares y la relación con alguien que les despierta la ambición y las ganas por crear orden y estructura en su vida. También notarán relaciones kármicas importantes entre colegas y amigos que son el perfecto opuesto que muchas veces les choca, pero son espejos expansores de lo mucho que pueden manifestar una vez que deciden comprometerse y crear algo de la nada, que es la meta.

Uno de los casos que he atendido fue el hermano de un nativo, que era muy ambicioso, trabajador y gran manifestador, quien motivó el despegue de la magia de su hermano. Otro caso fue el de una nativa, a quien el final de una relación la llevó a aprender sobre el manejo de su dinero y la importancia de pulir su potencial.

Cualquiera que sea la situación que viene a recordarte que estás encarnado, que este mundo 3D tiene reglas para poder crear vasija para la magia, es algo que aunque te moleste debes agradecer, porque lo que tú tienes es algo que urgentemente necesitamos, es la energía madre que debe ser elevada para sanar al mundo. Pero necesita un "método" para que se regule el acceso a ello y tú no te desgastes en el camino. Cuida de ti y de esa luz.

TIPS *para* RELACIONARTE *mejor* SI *tienes* ESTA CONFIGURACIÓN *nodal*

1. Entiende que tu karma viene por situaciones de familia o situaciones que se vivieron en la infancia que te apegaron mucho a ciertas figuras para sentirte protegido. También hay nativos con estos nodos que fueron de alguna manera traicionados por la figura materna o paterna y desde chicos aprendieron a hacer de otros su mamá y papá. Puede que hayas visto a tu maestra como tu mamá o a tu hermano como tu papá, y esa confusión de rol ahora se vea en diversas relaciones. Por ejemplo: hacer de tu mejor amiga responsable por algo tuyo y molestarte si no lo hace, porque en verdad no era su responsabilidad. Al saber esto reflexiona sobre el peso que entregas a otros y que se trata de que tú te hagas cargo y responsable de tus asuntos.

2. Hazte responsable de tu vida. No esperes siempre a tener el consejo o la bendición de una persona de tu familia si sabes que tienes que tomar una decisión para darte estabilidad. No puedes llamar a tu mamá o a tu hermano cada vez que vas a tomar una decisión. Tienes que cometer tus propios errores y aprender. Asimismo, busca, investiga y asesórate con un especialista en caso de que sea una situación a evaluar.

3. Nota tu tendencia a romantizar todo. Estos nativos tienen una debilidad por las historias de amor y tienden a romantizarlo todo. Por ejemplo: Amiga A le cuenta a amiga B (con esta configuración nodal) que, una vez más, la persona con la que está saliendo se desapareció. La amiga B le dice que todo estará bien, que, como le pasó al personaje X en la película tal, todo va a salir bien y que son tal para cual. Obviamente hay muchos factores que cambian la intensidad de esto en el nativo, pero sí tienden a ponerse lentes color de rosa cuando les caería súper bien escribir los hechos de una situación y usar el sentido común en situaciones amorosas.

4. Aprende ejercicios de respiración, yoga o kundalini. Las personas con esta configuración nodal son muy emocionales y su humor cambia con facilidad. Esta hipersensibilidad es buena cuando la aprenden a canalizar, porque presienten cosas, su intuición es muy certera y se inspiran mucho. Pero hasta que aprenden a canalizarla, esta energía está desordenada y puede sentirse abrumada al punto de que le lleva a evadirse y a juntarse con personas que también tienen estos "dones", pero no bien utilizados. Por eso a estos nativos les encanta ver a alguien que tire las cartas, etc., porque están buscando cómo reafirmar lo que están presintiendo. Mi consejo: no lo necesitas. Necesitas regularte y trabajar tus dones sin que la mente de otros te influencie

5. Toma decisiones más seguido. Tener el Nodo Norte en Capricornio es como encarnar para ser jefazo y *bosslady,* pero esto es como un músculo que se entrena. Toma más decisiones, empieza por pequeñas decisiones sobre tu día o ponte metas diarias, semanales, y comprométete contigo.

6. Nota cuando te estás quedando enganchado en el pasado, cuando ya pasó el tiempo que necesitabas para soltar algo o alguien, pero sigues alimentando el apego. Por ejemplo: han pasado tres años desde la ruptura con tu ex, ya está casada, tiene bebés, y tú sigues entrando a diario al Instagram de su mamá para ver si de verdad está enamorada. Con lo mismo de la adicción al romance y a las historias dramáticas, date cuenta si estás usando esto para evitar tomar la decisión de empezar desde cero.

7. No evites los cambios importantes. Terminar la tesis, terminar de pagar una deuda, ir al doctor, cambiar el piso del baño después de la inundación, reunirte con el contador. Esto va de la mano con tomar decisiones y sé que te dije que empezaras por tomar pequeños pasos, pero no puedes quedarte allí. Tienes que atender las cosas que según tú sería mejor que haga tu mamá, tu papá o una persona responsable. Entre más evitas estas tareas grandes, más se estanca tu vida en diferentes frentes. Aprovecho para decirte que evitar mirar de frente el porqué llenas vacíos con compras también es importante y no lo puedes dejar para después, ya que puedes estar creando una realidad de limitación, de vivir hasta el cuello.

8. Fórmate profesionalmente. Estamos en una era donde las personas hablan de lo que aman y son validados por ello. Para ti, con esta configuración nodal, es importante formarte profesionalmente y pulir tu trabajo. La formación a través de la universidad o cursos te dará la estructura que necesitas en todas las áreas de tu vida.

9. Aprende a manejar las situaciones emocionales y tu trato con clientes de manera adulta, responsable y con estructura. Por ejemplo: manejar una pelea con tu amiga con la ley del hielo a sus 35 años no tiene sentido. Hacerte la más amiga de tu cliente y no hacer factura o no tener cómo comprobar la transacción, tampoco.

10. Repite después de mí: "poner límites no pone mi vida en peligro". No responder la llamada de tu hermana a las 5:00 a. m. para que la salves una vez más no pone tu vida en peligro. No poder llegar a la fiesta de tu prima de primeras porque estabas en una presentación de trabajo no pone tu vida en peligro. Decir que no quieres salir porque no quieres gastar no equivale a que ya no serás parte del grupo de amigos. Es con límites que el respeto que quieres te será dado, porque al fin lo mereces. Y así empezarás a darle fin a varias crisis económicas.

AFIRMACIONES QUE TE AYUDAN A MANTENERTE EN SINTONÍA CON TU NODO NORTE EN CAPRICORNIO

+ "Acepto que soy el/la creador/a de mi vida y asumo total responsabilidad por como la estoy encarando. Sin culpas, sin victimización, sin esperar que cambie una condición externa, me haré cargo de iniciar un cambio ahora".

+ "Con trabajo de consciencia, puedo transformar mis defectos en una capacidad. Por ejemplo: convertir mi terquedad en determinación para luchar por lo que es importante o mi intensidad en una pasión positiva que además sume a otros".

+ "Lo que sucede, sucede para mí, para ayudarme a crecer".

+ "Soy suficiente, soy potencial, soy una fuerza natural".

+ "He nacido para construir un legado que ayude a otros a conectar con sus emociones y su magia".

+ "Reconozco como parte de mi potencial lo que admiro en otros".

+ "Me hago amigo de mis circunstancias. Me hago responsable de sacarles provecho".

+ "Hacerme cargo de mí invita a otros a caminar de la mano conmigo".

+ "No temo descubrir mi verdad ni hacerme responsable de lo que deseo".

+ "Cada quien puede y debe seguir su camino. Nadie está obligado a estar en mi vida para siempre".

+ "Aunque la vida adulta o envejecer me dé miedo, escojo tener la experiencia para poder vivir mi vida a plenitud".

+ "Elijo integridad por encima de la comodidad efímera".

TIPS para RELACIONARTE con un(a) nativo(a) DE ESTA CONFIGURACIÓN nodal

1. Seguramente eres una persona más práctica que este nativo en cuestión. Motívale y enséñale a atender las cosas básicas pero importantes que tienen que ver con el mundo material. En caso de urgencia asístele, pero enséñale también.

2. Cuando haya discusiones, con muy buena onda pregúntale si el argumento es realmente suyo o viene de la queja de alguien de su familia. Y lleguen al acuerdo de que la relación es de los dos.

3. Si te sientes atraído a una persona como este nativo o si ya de plano están en una relación, tú también tienes una lección que aprender aquí sobre la importancia de honrar tus raíces, bajarle un poco a ser adicto al trabajo o ir por metas sin apreciar el proceso. Respeta entonces el balance que esta persona aporta, que también tiene muchísimos regalos que te enseñarán a nutrirte mejor a todo nivel.

4. Para esta persona es importante que tú te lleves bien con su familia, pero acá está el *catch:* habrá familiares que saben que el nativo es súper romántico o que idealiza el amor, así que te pondrán a prueba. También es que este nativo tiende a ser visto como el chiquito de la familia y querrán protegerlo. El consejo no es que finjas ser alguien que no eres, sino que puedas ver con objetividad la dinámica que han creado y sepas cómo manejarte mejor.

5. Si te asustan las personas que les gusta hablar de "cuando tengamos hijos", quizá este nativo te asuste un poquito, pero verás, tiene altos ideales de familia y estar con alguien por estar no les llama mucho la atención.

Claramente tendrán relaciones informales como todo el mundo, pero su tendencia es apostar a la familia, a una persona con buena familia y con valores. También alguien que se lleve bien con su familia, así que no tardará mucho en presentártelos, pero eso no es indicador de que te va a obligar a casarte mañana. Es que son así. Eso sí, si con alguien vale ser muy honesto sobre lo que quieres en una relación, es con ellos.

6. Algo muy bueno para este nativo es una pareja que le ayude a mantenerse enfocado y motivado en metas profesionales o personales, más que en alguien que le está dispersando todo el tiempo. No es raro que se fije en alguien exitoso y que al estar con esa persona este nativo se "ponga las pilas", porque esto que busca su Nodo Norte en Capricornio le atrae y sentirse apoyado incondicionalmente es el mejor motor que puede tener. Por eso, ponerse metas juntos, apoyarse en sus proyectos y cultivar buenos hábitos para dar estructura a su vida es lo mejor que puedes hacer por él/ella.

7. Creo que está de más decir que no está bien hablar mal de su familia, pero esta persona sí necesita ir formándose una opinión más objetiva sobre las dinámicas de su núcleo cercano y de su pasado. Criticando lo que dicen sus familiares no podrás hacerle ver, porque inmediatamente se pondrá a defenderlos. Ahora, por las buenas sí puedes enseñarle que hay otra manera de hacer las cosas, y que lo que le hace sentir muy inseguro porque no fue aplaudido en su familia puede de hecho ser uno de sus más fuertes talentos.

8. Motívale a actuar como un/a adulto/a en la sexualidad. Puede que les tome tiempo llegar a una situación realmente satisfactoria en ese tema. Este es un tema delicado, pero para que estos nativos realmente se abran deben individualizarse, es decir, desidentificarse con su familia y conocerse, reconocerse como una persona independiente. También deben asumir una posición de adulto y no de niño. A esta persona le toma tiempo asumir retos y adquirir experiencia en todo sentido para sentirse como una mujer o como un hombre adulto/a. Las mujeres con estos nodos siguen viéndose y sintiéndose como niñas y los chicos como niños incluso después de adultos. Sentirse cómodos en su piel, vivir su edad, explorar y hacerse cargo de su deseo es algo que tienen que aprender. El detalle es que si te pones en son de "enseñar" puedes desatar la dinámica de poder que te pone a ti como guía, madre o padre, en un altar y no como un igual, y esto no da como resultado una situación satisfactoria. Por eso la sexualidad será un tema que querrás hablar de manera honesta y con el propósito de crear confianza, compenetración y disfrute.

9. Déjale o pídele que se haga cargo de algunos planes. Algo que tiene que aprender este nativo es a ser líder, hacerse cargo, estructurar. En relaciones siempre hacemos planes y estos nativos suelen tener relaciones con personas que se hacen cargo de todo. Ahora que lo sabes y por mucho que te guste hacerlos, entiende que ponerle a cargo balanceará la relación entre ustedes.

10. Si hay algo que le hace daño, es la falta de empatía y sensibilidad. No digo que cada vez que él/ella te pida hablar pares el mundo para hacerlo, porque de hecho él/ella tiene que aprender que uno tiene responsabilidades, pero sí es importante que cuando están teniendo conversaciones importantes, realmente estés presente, intentes abrirte y no niegues lo que él/ella siente. Incluso para terminar la relación, esta persona necesita una conversación con un buen cierre, porque si no sentirá que siempre quedó algo pendiente.

El axis Cáncer-Capricornio es uno de mis favoritos porque lo que se trabaja con estos nodos es esencial, es base. Si yo pudiera clasificar los nodos en orden de importancia, este sería el primer capítulo del libro. Cabe destacar que estoy escribiendo este libro en un momento en el que estamos teniendo eclipses de este tipo, y por eso también he tenido extra motivación para estudiarlos, pero no tanto para dar clases o profundizar en lo que ya sabía, sino porque los cambios que he visto en mí y en otros han sido de base, de raíz y con el mismo *feeling*: esto nos lo debíamos desde siempre.

Como ya saben, me es mejor explicar con historias así que aquí voy...

Los eclipses Cáncer-Capricornio empezaron en julio de 2018, y fue un período muy raro para mí. Después de trámites, remodelaciones y ajustes me disponía a mudarme como niña grande por primera vez en mi vida y estaba coincidiendo con el trámite legal para ya tener residencia permanente en Estados Unidos. No me había dado cuenta, pero estaba trabajando asuntos de pertenencia, permanencia y estabilidad, algo por lo que he trabajado toda mi vida, pero en ese justo momento no vi que estaba terminando de soltar limitaciones personales y la sensación de "no tengo familia, no tengo hogar". Había tantas cosas que hacer: trabajo, diligencias, etc., que no fue hasta después de la mudanza que me cayó todo encima como una realización. Mi mudanza fue el 7 de julio de 2018 y el 12 de julio fue el primer eclipse en Cáncer.

El 4 de julio, que acá es día de fiesta, estaba entre un apartamento y otro porque el nuevo estaba en remodelaciones y me la pasaba allí asegurándome de que todo estuviera bien. Así que recuerdo que ese 4 de julio, tipo 8:00 a. m., fui a ver cómo estaba todo, y a las 10:00 a. m., me fui al lugar de yoga del momento, del que muchas amigas hablaban. Tenía años sin hacer yoga. Hice del 2012 al 2015, pero sin compromiso ni continuidad porque era parte de mi trabajo para superar mi desorden alimenticio. Cuando llegué al lugar, estaba repleto porque era día libre y estaba lleno de amigas que tenía tiempo sin ver. La clase fue divina, no sabía hacer nada pero la sentí como un estiramiento y con amigas al lado echando broma, pues más rico aún. Al salir me fui a cambiar porque iba a una parrillada, a la cual fui pero no duré mucho porque me sentía muy rara. Resulta que justo después de la clase nos quedamos afuera varias amigas y una chica que conocí ese mismo día. La conversación iba así:

J: Mía, ¿será que decidiste tomarte las cosas con más calma?

Yo: No... quería ver de qué se trataba este lugar. Está buenísimo.

G: ¡Me encanta! Yo siempre les digo que el yoga es más fuerte que un *workout*, más bien es un *workin* (trabajo interno).

J: Yo me lesioné la espalda con tanto *crossfit, spinning,* etc., y el doctor me recomendó yoga y pilates, así que esto es lo único que hago ahora, y no lo cambio. A veces me dan como unos yeyos (como soponcios) porque es muy intenso emocionalmente, pero me cae mejor que estar acelerada todo el tiempo.

JO: Para mí no hay vuelta atrás. No es por el *workout;* esta es mi familia, y no por el lugar, es la comunidad que se ha creado de personas que estamos en lo mismo... parar de trabajar y vivir.

A ver, J es una amiga que dirige tres empresas, dos de ellas son de familia y una la levantó ella sola. Tiene cuatro hijos y siempre ha sido MUY activa. Se lesionó la espalda y ella misma dice que fue porque ya no podía sostener el ritmo de vida que llevaba.

G siempre ha sido muy activa haciendo ejercicios y juntas nos lanzábamos maratones, entrenamientos al aire libre a 100 grados en Miami. A veces entrenábamos dos veces al día, pero desde que tuvo una ruptura difícil entró en el yoga y cambió completamente su vida. Siempre me decía que fuéramos a yoga, pero siempre le decía que no, que quería entrenar de verdad (qué poco sabía yo).

JO es una súper Capricornio con stellium en ese signo. Trabajó como corporativa durante años hasta que hizo un viaje a Colombia, se quedó haciendo retiro en una selva y después de eso no fue la misma. Se divorció, creó su marca de joyas y ahora da clases y retiros sobre joyas, piedras y ceremonias de cacao y té.

Yo las miraba y escuchaba como si estuviéramos en las rondas de "That 70's Show". Es decir, las escuchaba y entendía, pero me resistía a sentirme identificada. Yo amo mi energía, amo que siempre estoy acelerada, amo que no me canso, amo que siempre me muevo hacia delante, y así.

La conversación se quedó conmigo y me fui de la parrillada. Me senté y, de repente, en el apartamento nuevo lleno de cajas, de herramientas y polvo por todos lados, empecé a llorar. Luego me fui a mi viejo apartamento a dormir, y como ya me había pasado varias veces en ese tiempo, tenía un dolor horrible en el pecho y en mi mente.

Eran quistes. Una vez más, una vez más.

Para ese tiempo estaba saliendo con... Madrid. Vamos a llamarlo Madrid, que después irá perfecto con la canción de Shakira.

Madrid es Leo con el Nodo Norte en Cáncer y el Nodo Sur en Capricornio. Qué coincidencia con la temporada. Madrid tenía ciertos temas de familia que no se podían tocar y era, como yo, un *workaholic*, lo que era fantástico porque trabajábamos todo el día para vernos en la noche y los fines de semana.

La historia con él es que, aunque me encantaba, tenía y ponía mucha resistencia a lo que quedaba de promocionar *El libro de las relaciones* porque tenía que hablar de relaciones del pasado. También hubo una pelea puntual que es la única razón por la cual lo menciono en este momento: Madrid quería quedarse a dormir y yo no me sentía cómoda con despertarme con alguien y estar todo el día con esa persona. Y no malentiendan, esto no se trataba de que no me gustara, en verdad se trataba de que no quería enamorarme, no quería salir herida, estaba muy revuelta todavía por la situación con "Ex"corpio, pero no tenía esto consciente, solo saboteaba la situación con Madrid, que sin pelos en la lengua me dijo: "Mira, guapa, no sé lo que te hicieron, pero te dieron duro. Una lástima porque nos llevamos tan bien". Así agarró sus cosas y se fue. Después de cuatro meses de intensidad, agarró sus cosas y se fue, y yo solo decía "ay Dios mío, yo no sabía que los españoles eran tan bravos...". No, en serio, después de hacerme la indignada con mi lista de razones por las cuales el equivocado era él, hablé con Chloe que me hizo entrar en razón y, sí, al mismo tiempo me estaba mudando, de hecho, la conversación sucedió terminando de llevar unas cajas al nuevo apartamento. Toda una gran metáfora del Universo de que también tenía que moverme de lugar subjetivo.

Por primera vez no tenía un "ya sé lo que voy a hacer" o un "bueno, yo lo llamo y me disculpo", porque en verdad... ¿disculparme por qué?, ¿porque en verdad no estoy lista y me leyó completamente? ¿Le digo que estoy teniendo ataques de ansiedad con la mudanza y que la clase de yoga me está lavando el cerebro? ¿Será hormonal? ¿Qué es esto?

Esta situación de no sé qué hacer y no poder sacar una solución del sombrero del conejo duró como dos semanas, hasta que Madrid apareció. Me envió un correo deseándome que la mudanza hubiese salido bien, que le hubiera encantado compartir eso conmigo.

Ya en este momento había pasado el primer eclipse en Cáncer e íbamos hacia un eclipse total de luna llena en Acuario. Él tenía una boda en España para esa fecha. Su mejor amigo de toda la vida se casaba y se devolvía de Miami a España, así que para él era como una ruptura. Además, tenía que ir a su ciudad natal a ver a su familia y, como les mencioné arriba, él tenía un tema de excepción con ellos, es decir, era un tema que no se podía tocar, algo delicado habrá pasado y esto lo menciono no solo porque es real, sino porque será clave en el entendimiento de estos nodos lunares.

¿De qué se tratan estos eclipses Cáncer-Capricornio?

De criarnos de nuevo. De llevarnos a casa. De conectar y confiar en el GPS interno y, sobre todo, de sentir. No por nada menciono que empezando estos eclipses estaba resolviendo el asunto del apartamento, la mudanza y mi permanencia en este país. No por nada estaba teniendo unos pequeños ataques. No podía creer que por primera vez en mi vida podía decir "estoy en casa", y lo había creado yo. Para los que no saben, de pequeña siempre tuve ese *feeling d*e "no pertenezco, estos no son mis papás, soy la que está de más, esta no es mi casa". Mudarme de país fue una transición muy fuerte y se dio también al mismo tiempo de tener eclipses Cáncer-Capricornio.

Pero ahí estaba, dándome un lugar, así que entonces tocaba hacer ese lugar-hogar, pero adentro. No podía seguir teniendo las mismas actitudes y estilo de vida, de todo lo que me llevó a trabajar como loca para poder lograr esta estabilidad, si es que quería disfrutarlo, y si es que quería estar en paz conmigo.

Sin hacer de esto un proceso consciente (creo que apenas puedo verlo con un poco de claridad ahora), decidí empezar a hacer yoga, mirar de frente las emociones que tapaba estando siempre ocupada, y cayó como anillo al dedo la introducción que me hizo J con Mónica, la terapeuta del niño interno. Loco esto: yo conocí a J en el 2014 porque fue a una charla que di, pero no nos volvimos a ver hasta ese 4 de julio en yoga y desde ahí nos hemos vuelto muy cercanas. Gracias a J conocí a Mónica y a N, la vidente que mencioné en el capítulo 5.

Después les cuento más...

CAPÍTULO 7

Vivir para brillar

(De la sombra

AXIS LEO-ACUARIO
CASAS 5 Y 11

Este capítulo es para:
- Personas con nodos en Leo y Acuario
- Personas que aman a alguien con nodos en Leo y Acuario
- Personas con nodos en casas 5 y 11
- Personas experimentando eclipses en casas 5 y 11

(a la luz)

Lado  A

+ Personas con Nodo Norte en Leo y Nodo Sur en Acuario
+ Personas con Nodo Norte en casa 5 y Nodo Sur en casa 11
+ Personas experimentando eclipses de Nodo Norte en casa 5 y Nodo Sur en casa 11

Panorama *general*

¿Naciste con estos nodos? Antes de darte teoría, quiero que hagamos un poco de reflexión: ¿cuánto haces para dar satisfacción a los demás, para encajar, para pertenecer incluso si eso te hace rebajar tu luz y sacrificar las cosas que más te gustan? ¿Qué tanto te pesan los comentarios de otros o no ir al ritmo que todos los demás están haciendo sus cosas? ¿Qué tan juzgado te has sentido cuando haces las cosas a tu manera? ¿Qué tan libre te sientes?

Personas con el Nodo Norte en Leo y el Nodo Sur en Acuario son como ese solista que empezó tocando en una banda, y aunque fue muy criticado cuando se fue por su lado, era algo que sentía que tenía que hacer. Son personas que tarde o temprano aceptan las ganas que tienen de amar y ser amados después de tratar de demostrarle al mundo que están bien en alguna situación donde no llaman la atención o resaltan sus talentos.

Estas personas pasan mucho tiempo tratando de esconderse en grandes grupos o haciendo lo que todo el mundo hace, incluso luchando por no destacarse por miedo a crear separación de otras personas. Pero así no son felices y un día despiertan y saben que tienen que seguir su camino.

Son personas que han nacido para llamar la atención, para dar la cara por una causa y liberar a su alma del miedo a expresar lo que quieren, lo que aman y se mueren por compartir.

Aunque la tendencia a caer en su Nodo Sur en Acuario es fuerte, estamos en una era que hace que estos nativos quieran ir a su Nodo Norte en Leo. Es decir, si estuviera publicando este libro hace 20 años no hubiéramos tenido aún alineaciones, configuraciones y eventos que nos impulsaran a todos a destacarnos. Urano -que es el regente del Nodo Sur de estos nativos y el planeta del cambio- inició una nueva vuelta al zodíaco desde el 2011 y esto ha marcado la diferencia. Antes de eso estos nativos realmente pasaban un mal rato destacándose, siguiendo su corazón y difícilmente estaban bien y en paz con hacer las cosas de manera diferente al resto. Las redes sociales han ayudado mucho a que se respete y valore la autenticidad. Ya no nos parece raro que alguien quiera hacer las cosas a su manera y no como lo hacen todos en su ciudad, en su tipo de expresión, religión o creencias.

Sin embargo, aún con la evolución a nivel de consciencia que además sentimos muy reciente porque tuvimos eclipses Leo-Acuario en el 2016, 2017, 2018 y 2019, estos nativos tienen pruebas que superar. Lo más importante es que estén siempre conectados a su corazón y CREANDO su propia vía. Cada vez que hacen algo como otras personas están cayendo en el Nodo Sur y se atrasan en lo que más desean: destacarse.

También en una era donde destacarse en cuanto a talento es lo que más está generando atención y validación, estas personas deben evitar caer en la energía baja del signo Leo, que tiene que ver con querer llamar la atención por moda o farándula, en vez de lograrlo por una causa auténtica.

Para esto es importante que trabajen el plexo solar, den estructura a su talento y tomen riesgos que van a cultivar su confianza en sí mismos y en su visión. Uno de los talones de Aquiles de estos nativos es estar siempre pendientes de cómo los demás están considerando su luz y su trabajo, lo que cambia su fuente de felicidad de interno a lo externo. Por lo tanto, esta fuente será efímera y también traerá grandes desilusiones al ritmo de lo que está de moda en vez de sentir y fortalecer la conexión con su luz. Para esto también tienen que desarrollar una muy buena relación consigo mismos, aprender a escucharse, aprender a motivarse, buscar amigos de verdad y no vender o rebajar su talento para ganar audiencia o encajar. Obviamente esto es difícil porque muchas veces se va contra corriente, pero uno de los grandes regalos del Nodo Sur en Acuario es que pueden ser bastante desapegados si es necesario, pero solo lo lograrán de manera positiva si tienen un porqué claro. Se trata de interesarte en trabajar tu luz, querer compartirla con otros y ser desapegado si llega el momento de las críticas de personas que no entienden lo que estás haciendo.

Para trabajar el plexo solar tienes que llevarte a tomar acción por lo que sientes. Te equivocarás muchas veces, pero en este mismo esfuerzo reforzarás tu intuición y asertividad. Personas con el Nodo Sur en Acuario tienden a pedir consejos de todo mundo antes de tomar acción o toman acción solo cuando es explícita o implícitamente aceptada por el grupo. Como muchos saben, la seguridad es una de las necesidades básicas del ser humano, así como la variedad o cambio, pero cuando se ponen en juego seguridad/pertenencia ante cambio y variedad, la mayoría de los seres humanos escogerá seguridad. Sin embargo, personas nacidas con estos nodos están para jugársela y ser reconocidos por su atrevimiento.

Cuento el caso de un amigo que llamaremos Roberto. Él es Libra ascendente Géminis, Luna en Leo en conjunción al Nodo Norte en ese signo. Nos hicimos muy amigos justo cuando Saturno entró en Capricornio. Es decir: un poco antes de que se iniciara un tránsito de tres años un tanto fuerte para personas de Sol en Libra en cuanto a situaciones de familia.

El primer año que Saturno retrogradó junto a Plutón en Capricornio (fuerte en julio y agosto de 2018) su papá murió, dejándolo a cargo de las empresas familiares, tal como los eclipses en Cáncer indicaban para las personas Libras: un cambio de rol público, un ascenso. Además, esos eclipses Cáncer-Capricornio se tratan para todos de resignificación del pasado, reinterpretación de eventos de la infancia y cambios en la energía madre-padre, y él empezó a vivir un intensivo de todo esto.

Roberto siempre ha sido una persona creativa. Cuando lo conocí, que no tenía las pesadas responsabilidades que tiene ahora, tenía dos emprendimientos propios y muy divertidos: había desarrollado una aplicación que al final no tuvo el éxito esperado y también participaba en proyectos de amigos. Obviamente, Roberto sin saberlo ha estado "vibrando" sus nodos en Leo y Acuario, que de todos los axis que hay es el que más enfoca misión con profesión y talento.

El Sol representa la vida encarnada, la consciencia tomando lecciones como uno de los regentes del karma (sea del Nodo Norte o del Nodo Sur). Esta persona va a vivir grandes lecciones que vienen a través del uso de su luz, de la aceptación de su brillo y del reconocimiento de etapas que empiezan y terminan marcándose sobre todo en cuestiones profesionales.

Una vez que su papá murió y tuvo que hacerse cargo de las empresas familiares empezó a aprender lo que le hacía falta a sus emprendimientos para despegar: hacía falta disciplina, estructura y compromiso total. Antes no tenía que hacerlo, creaba por placer y no tenía necesidad. Aunque lo que hacía diferente este momento no era precisamente la necesidad económica, Roberto sí extraña poder crear por placer en vez de estar presionado por una estructura y demanda que no inventó él y que tenía que mantener en honor a su familia, a un legado.

Con cada eclipse de la serie Cáncer-Capricornio (que no son sus nodos, pero era lo que estaba pasando en aquel momento), Roberto empezó a organizarse muy bien, a asesorarse y a distribuir tareas. Esto tiene que ver mucho con los eclipses de tránsito, pero traer nueva tecnología, innovar y atreverse a hacer cambios que su papá rechazaba, eso sí tiene que ver con sus nodos natales en Leo y Acuario. La familia, que al inicio no estaba muy de acuerdo, no tardó en entender que él estaba marcando la visión del futuro (Luna en conjunción al Nodo Norte) y colocando las empresas a competir con lo que estaba de moda ahora en ese campo.

Aunque al momento de escribir este libro Roberto no tiene aún la misma libertad de trabajar por placer en sus emprendimientos, sí escogió uno de ellos y aplicó lo que había aprendido en las empresas de la familia. Lo reinventó y lo llevó al éxito.

Esta historia es un ejemplo de cómo los nodos Leo-Acuario necesitan que el nativo descubra su elemento diferenciador y le dé atención para pulir el talento y ponerlo en servicio a los demás. También indica que el talento se les da fácil, lo que hace que muchas veces no se tomen el compromiso de pulirlo hasta que se da una situación que no deja de otra.

Pero si estás leyendo este libro y tienes estos nodos, espero que sea de motivación para no esperar un tránsito, eclipses o una situación inevitable, porque aunque todos estamos destinados a ponernos en contacto con nuestro propósito tarde o temprano, el tiempo, molestia o trabajo depende de cuándo decidamos despertar.

Misión de vida

Verán, muchas personas creen que la misión de vida tiene que ver con la profesión que tenemos o que estamos por descubrir. Que al preguntar a un astrólogo "¿cuál es mi misión?", el astrólogo les dará una profesión, y no para todos es así.

No para todos la misión tiene que ver con la carrera profesional, aunque haya muchos que logramos trabajar nuestra misión y compartirla con otros a través de lo que hacemos. Hay personas cuya misión es terminar con un karma familiar, cerrar una relación pendiente, enseñar a muchos lo que saben, aprender a ir más allá de la mente.

Pero las personas que nacen con los nodos en Leo y Acuario son las que más están inclinadas a tener su misión de vida enlazada a un talento único, por eso tienen que trabajar en dar estructura

y pulir eso en lo que son buenos. Todo esto es un trabajo de amor propio en un mundo que nos incita a ser como los demás.

Algo que te ayudará a conectar con tu Nodo Norte en Leo es no esperar a encontrar el colaborador o compañero ideal para iniciar un proyecto creativo y/o emprendimiento. Es más cómodo sentir que si algo sale bien o mal no estás solo, pero tu vía es crear, es ser el artista, y luego otras personas querrán unirse. Tarde o temprano tendrás lecciones predestinadas que te harán llegar a esta conclusión, que te presionarán un poco para confiar en que puedes echar ese proyecto hacia adelante, llevar esa carrera de "solista". Si de verdad te rehúsas a seguir tu camino, las pruebas serán cada vez más fuertes hasta que aprecies tu energía creativa y te veas luchando por poder desplegarla.

Una cosa que me parece fascinante de estos nativos es que no han encarnado para tener relaciones o una visión del amor típica como todos los demás. Por eso también reciben lecciones en relaciones, pero no como las personas con nodos Aries-Libra, que reciben lecciones en pareja. Estos nativos vienen a reinventar viejos conceptos, están dispuestos a vivir una vida diferente y tienen que aprender que la única validación que necesitan es la propia. Estos nativos sufren más que los demás mortales cuando están bajo el juicio de otros o cuando les importa mucho seguir el deber ser, por eso cuando despiertan consciencia empiezan a desapegarse de cánones de belleza establecidos o de la manera como todos están logrando x resultado. Estas personas realmente son almas libres y visionarias, pero esto es algo que primero tienen que aceptar para poder dejarse ser, sentirse y revolucionar. Para ello es importante mantenerse enfocados en su misión espiritual, en ser honestos con ellos mismos y confiar en que crearán relaciones auténticas y valiosas, así como un trabajo o proyecto que les haga sentirse felices y vivos.

Lección kármica

Personas con Nodo Norte en Leo o Nodo Norte en la casa 5 tienen que aprender a apoyarse y a ser responsables de sus deseos.

Deben aprender a ser claros con lo que sienten, a tomar decisiones con convicción, a pedir lo que quieren, a saber decir que no y a sentirse cómodos con llamar la atención.

Entiende que vienes de encarnaciones pasadas en las que no te diste o te dieron permiso de mostrar tus emociones, tener lo que querías sino lo que se podía, nunca usar energía de autoridad para demandar cosas para ti. Por lo tanto puedes estar acostumbrado a privarte de lo que quieres y esperar que se dé solo o que se reparta; por ejemplo: fuiste el único de los hermanos que nunca pidió x juguete, más bien esperaste que otro hermano lo pidiera para que todos los tuvieran. Dar tu opinión tampoco es algo que te hace sentir cómodo, a menos de que sepas que todos están de acuerdo. Te cuesta tomar el volante en tu relación y puedes tener tendencias ambivalentes de querer "a veces sí y a veces no", lo que te ha causado muchos problemas.

Estas tendencias no solo te debilitan, sino que también te alejan cada vez más de tu Nodo Norte y de experimentar satisfacción. Lo primero que debes hacer es notar la narrativa interna que sucede cuando estás en posición de tomar el mando o una decisión. ¿Cuál es la voz que escuchas? Quizá notas que no es la tuya, sino que estás tomando la voz de otra persona que por mucho se ha hecho cargo de elegir por ti. No tengas miedo y pregúntate qué es lo que de verdad quieres y recuérdate que apostar por lo que deseas no es egoísmo, es amor propio. Poner límites para poder lograr algo que deseas hacer te recarga y te hará más feliz con los demás.

También sería buena idea empezar un diario donde puedas escribir lo que te dices, que puedas descargar y luego leer cuáles son las miles de razones por las cuales te hace sentido sacrificarte o sacrificar lo que deseas. Y luego pregúntate: "¿será que me conviene privarme para no exponerme, para no ponerme en una situación vulnerable?". Mantenerte en la razón y en los hechos para no escuchar tu corazón puede mantenerte seguro, pero también desconectado y así es casi imposible descifrar tu propósito.

Una de las prácticas más poderosas para conectar con tu Nodo Norte en Leo es tomar decisiones, así sea, pequeñas. Si antes de tomar una decisión te preguntas si esto realza quien de verdad eres, el potencial que sientes, será suficiente. También la práctica de actuar como si ya fueras lo que aspiras ser. Por ejemplo: si aspiras ser emprendedor, no esperes el momento perfecto y desde ya empieza a escribir tus ideas, a evaluar posibilidades, a conversar con personas que han emprendido y tomar nota de rasgos que te llaman la atención. Si ya emprendiste, asesórate y llévate a tomar decisiones para que el emprendimiento no se estanque. Crece, evoluciona, ten experiencias para que tu emprendimiento crezca contigo, es tu hijo.

Por último: aprende a pedir lo que quieres. Empieza con cosas pequeñas, por ejemplo: si estás comiendo con amigos en algún lugar pide por ti, revisa el menú en vez de pedir lo que todo el mundo pide. Esto también tiene que ver con conocerte y cuidar de ti. Es tu vida, es tu experiencia. Algo también para recordar cuando alguien critique alguna elección que estás haciendo.

También debes aprender a estar bien con llamar la atención y ser la cara del proyecto, la empresa, etc., aunque esto te cause roces con otros que así lo desean para sí. Has encarnado para representar luz de manera muy personal, y sí, todos hemos encarnado para compartir nuestra luz, pero, por ejemplo, personas con nodos en Géminis y Sagitario compartirán esa luz a través de lo que saben, de su sabiduría. Para ti tiene mucho que ver con cómo tú eres chispa creativa.

Tu energía también es la de un niño. Lo que has venido a compartir de ti nos enseña a otros que podemos divertirnos mientras creamos o construimos algo. Te sentirás realizado trabajando con niños o creando proyectos/objetos/experiencias que nos hagan sentir como niños otra vez, o enamorados, ya que el Sol -que rige tu Nodo Norte- también rige el corazón. Por eso también estás destinado a tener historias amorosas de telenovela, pero tu misión y lecciones kármicas las obtendrás en el desarrollo de tus proyectos y al trabajar la confianza en ti.

Para que entiendas mejor, personas con el Nodo Norte en Leo y el Nodo Sur en Acuario vivieron vidas pasadas negando su chispa, en trabajos donde eran un número más, donde no había tiempo para jugar o para divertirse creando. Por eso ahora te llaman tanto la atención personas que logran hacerlo, y te sientes muy raramente atraído a personas que no tienen pena en mostrarse tal y como son. Y lo más fuerte es que tú tienes ese "gen cósmico" de la autenticidad, pero hay mucho miedo de "usarlo" y desarrollarlo.

En vidas pasadas también estaba muy marcado eso de tomar en cuenta la opinión del grupo para poder tomar una decisión que tenga sentido. En esta vida tienes que aprender a seguir la voz del corazón, que muchas veces es desordenada o no tiene total sentido racionalmente. Esto no quiere decir que si tu mente te dice "no hagas eso que te meterás en problemas" y tu corazón dice "pero me gusta" te vas de cabeza, porque vamos... sentido común. Pero si quieres experimentar una relación con alguien con quien puedes ser tú o te ves pensando en trabajar en lo que amas y dejar el trabajo corporativo que te tiene marchito en vida, vale la pena y la gloria intentarlo.

TIPS para RELACIONARTE mejor SI tienes ESTA CONFIGURACIÓN nodal

1. Sal de tu cabeza y escucha tu corazón. Puedes esperar encontrar miles de razones por las cuales vale la pena intentar ir por eso que te excita, puedes tomarte ese tiempo cada vez que algo enciende tu chispa o puedes alinearte con tu Nodo Norte y tomar acción para notar cómo se siente y ganar experiencia, conocerte. Asimismo, puedes hacer tu vida como la han hecho los demás y sentirte a salvo o puedes atreverte y vivir la vida de tus sueños. Y en esta misma idea: puedes intentar ir por un sueño ya cuando tengas todo calculado y se dé el momento perfecto (o así crees tú) o puedes ir descubriéndote en el camino creativo.

2. Varias veces en tu vida te tocará cambiar de grupo de amigos, y aunque no lo entiendas hasta hoy, es una de las mejores cosas que puede pasarte. Quedarte o sobreidentificarte con un grupo, con una creencia compartida, religión, etc., te encierra en la energía de tu Nodo Sur. Los cambios de grupo, escuchar diferentes visiones y versiones te ayuda a contrastar experiencias y preguntarte qué quieres TÚ y cómo quieres vivir tu vida.

3. En esta era debes aprender a usar las redes sociales para ti y no al revés. Estar constantemente consumiendo contenido o ver cómo otros hacen las cosas y seguir sus pasos en vez de crear tu manera, te mantiene estancado en tu Nodo Sur. Lo mismo si solo te atreves a hacer un cambio o iniciar algo cuando estás en extremo seguro de que otros lo van a aprobar. El asunto con las redes sociales es que, aunque no tengas la intención de hacer algo como lo hacen otros, todo lo que ves se queda en ti y sin darte cuenta vas quitando fuerza a tu individualidad que es uno de los atributos a cultivar en esta encarnación. También es difícil creer en tu potencial creativo si estás constantemente comparándote con otros.

4. Suelta la actitud tan seria y juega un poco más. Sé más espontáneo/a, acepta invitaciones que te sacan de tu zona cómoda, no salgas con la opción romántica segura o con quien "conviene" estar. Intentarás hacer que funcione, pero no serás feliz. Justamente mi amigo Roberto salió recientemente con una chica que era todo lo que su familia quería para él, más ahora que es el "señor de la casa". Pero más que nunca, que está tratando de levantar sus emprendimientos, reconectar con su espíritu creador y que se está atreviendo a ser quien es, no fue posible mantener una relación porque era lo "indicado". Ahora se está dando el permiso de salir con personas fuera del *script* un tanto estricto que hay en su país y por su religión.

5. Nota cuando tu Nodo Sur te sabotea. Así como el Nodo Sur en Acuario lo sientes cuando no quieres llamar la atención, cuando quieres comprobar todo en vez de seguir tu corazón, también es la energía rebelde que te hace ir en contra de todos y de ti, del sofoco que siente tu alma de repetir lo mismo que en una encarnación anterior. Esos arranques de rebeldía se tratan de cómo tú mismo estás tratando de llamar tu atención a lo que de verdad te apasiona. No te cierres a tu propio llamado.

6. Despierta y no te mantengas en situaciones donde se apaga tu luz. En vidas pasadas te atreviste a ser un número más porque la situación era funcional. En esta vida cuando haces eso y te desconectas de ti mismo para funcionar, te enfermas. Y vamos, quizá estás en un trabajo muy mecánico que paga tus deudas porque era algo que necesitabas urgente, pero no dejes que esta sea tu condición permanente. Encarnaste para trabajar con tu pasión, y si no sabes cuál es, pregúntate qué te lleva a vibrar alto, qué te mueve intensamente y da gracias por estar vivo. Eso es lo que has venido a compartir con los demás.

7. Aunque aún no estés trabajando en tu trabajo soñado o en el proyecto creativo ideal, exprésate, escribe, haz *journaling*, pinta, canta, baila. Tómate en serio dedicarle tiempo y energía a lo que te gusta hacer, así empieces por una representación mínima de ello, y no desistas. Puede que pases por varios *"hobbies"* antes de encontrar lo que ES, pero lo lograrás. Una amiga con estos nodos pasó de pintar cuadros a hacer joyería y a crear su línea de ropa. Creo que seguirá dedicándose con muchas ganas a lo que le enciende de momento. Todo lo ha disfrutado, todo lo ha promovido y vendido. Lo más importante es que en cada etapa se le ve feliz, no como cuando trabajaba en bienes raíces, que era algo que de verdad no le gustaba.

8. Aunque no sea tu profesión soñada, trabajar con niños te hará conectar con la energía de tu Nodo Norte en Leo. Nicky, otra amiga que nació con estos nodos, tuvo una ruptura muy fuerte con los eclipses Leo-Acuario del 2016-2019 y, aunque intentó lo que la mayoría intentamos al tener una ruptura, decidió irse con otra amiga a Kenia por un mes a construir escuelas para niños. Después de esa experiencia, su vida cambió para siempre en todo sentido y también se motivó a reinventarse profesionalmente inclinada hacia lo que siempre quiso hacer: motivar a otros, en vez de lo que hacía, que era trabajar en construcción.

9. Tu Nodo Sur en Acuario también tiene regalos que de hecho te ayudan a impulsar tu Nodo Norte en Leo. Tener ideas diferentes, innovar y sentir interés por la tecnología que pueden mejorar lo que te gusta hacer. Aprecia estos regalos poniéndolos al servicio de tus proyectos creativos.

Deberás aceptar que parte de tu misión es sacrificar popularidad para poder dejarte ser quien eres de verdad y que se acerquen los que aman auténticamente lo que haces. Esto es así: hacer lo que tiene demanda y caerle bien a todo el mundo para luego estar preso y tener mil jefes en vez de uno (como si todos los clientes o la audiencia demandan de ti), o atreverte a ser quien eres y que se dé de manera orgánica y natural el compartir tu luz con otros que te seguirán porque aman tu energía. Esto también lo vivirás con grupos de amigos; el grupo de toda la vida o el grupo que armas de adulto -si te atreves-, pero delante de quienes no puedes ser tú, con quienes puedes discutir apasionadamente lo que te interesa y sentir que realmente perteneces sin forzar las cosas. Entiende que te sentirás siempre como alguien que tiene que mantenerse relevante o extra esforzarte para sentir que otros te aceptan y te incluyen, hasta que decidas que es mejor ser quien eres y aguantar el tiempo de incomodidad mientras te alineas con tu Nodo Norte y se van dando naturalmente conexiones reales.

TIPS para RELACIONARTE con un nativo DE ESTA CONFIRGURACIÓN nodal

1. Nota en cuál fase de su vida está. ¿Está ya creando sus proyectos, viviendo sin miedo a lo que digan los demás o puedes ver qué es evidente que aún busca encajar y no se atreve a pintar fuera de las líneas? Pregúntate honestamente por qué estos nativos despiertan y cuando lo hacen, cambian radicalmente su vida. Si ya está viviendo su vida, alégrate y disfruta crecer junto a él/ella en tu versión más auténtica.

2. ¿Puedo ser muy honesta? Estas personas tienden a fijarse en personas que llaman mucho la atención o personas con tendencias narcisistas. Si en sus vidas pasadas (Nodo Sur en Acuario) tendían a dejar que otros se pronunciaran y tomaran la posición de líder, en esta eso les parece cómodo. Con el Nodo Norte en Leo también encuentran algo seductor en las personas que llaman la atención. Si tú no te consideras una persona narcisa sino más bien alguien que quiere estar allí para ayudarle a crecer, investiga un poco sobre su pasado y quizá encuentras que hubo una persona de este perfil y, si en efecto es así, asegúrate de que ya esa relación está 100% terminada.

3. Entiende esto: no van a demostrar hasta que tú demuestres un poco más. Yo salí con un chico Géminis con estos nodos y la verdad era bastante cariñoso y muy detallista. Cuento la historia para que me entiendas bien. No era en cuanto a llamadas, mensajes o las ganas y propuestas de vernos todos los días, era más que en momentos en los que de verdad había que marcar una pauta esperaba a que yo demostrara vulnerabilidad para él hacerlo. Por eso, estos nativos necesitan personas seguras de sí mismas, personas que saben que no pierden nada demostrando lo que sienten para motivarlos a que también sigan su corazón.

4. Estas personas tienden a sobreanalizar todo, como si pudieran tener por escrito si algo va a funcionar o no y, como ya sabes, en el amor muchas veces es una apuesta. Si le ves analizando mucho las cosas, recuérdale que es importante tener la experiencia. Por esto también es súper importante que haya buena química, pues pierden la cabeza si el contacto físico es divino porque les hace estar en su cuerpo y no en su mente.

5. Un buen dato: si ya pasaron su segundo retorno nodal (36, 37, 38 años), estos nativos ya pasaron el sobreanálisis que echó a perder relaciones y estarán más dispuestos a arriesgar por una relación. Si son del signo Leo o Acuario y han pasado sus 33 años, están más abiertos a tener la experiencia y a disfrutar, y también a complacer en vez de temer ser heridos.

6. ¿Sigues interesado? A estas personas hay que motivarles a que tomen acción, a que den un paso adelante. Quieren estar súper seguros antes de comprometerse o hacer sacrificios, así que hay que ser muy claro y directo con ellos. Sé directo y pide que ambos tomen responsabilidad por la felicidad que quieren tener juntos, en vez de esperar el momento perfecto para algo. Si también prefieres el camino de la pasividad, puedes estar mucho tiempo esperando que algo ocurra.

7. Estos nativos evitan la confrontación, así que cuando las cosas se ponen difíciles tienen la tendencia a tomar tiempo y espacio, lo que puede ser frustrante para su pareja. En esta encarnación tienen que aprender a no huir de las situaciones y, aunque no puedes forzarle a que se quede y converse sobre lo sucedido, sí puedes no provocar que salga corriendo. Es importante no presionar, no llamarle mil veces o sacar el mismo tema de manera intensa. Si algo ayuda en esto, es que tengan una buena base de amistad antes de la relación romántica, y que cuando tengan diferencias puedan conversarlo como amigos. Esto no siempre es posible si algo está causando una diferencia fuerte, pero date crédito, vales el esfuerzo de que salga de su zona cómoda y, además, es algo que tiene que cultivar.

8. Ya de buenas... ayúdale a cultivar lo que le hace único. Cree en sus proyectos, ayúdale con ellos. Enséñale que en ti hay un buen amigo, una persona con la que hace equipo y que le ayuda a ver lo mejor de sí. Aunque no lo demuestre, este nativo tiende a darle demasiada energía a sus defectos y no a sus virtudes, y tiene la sensación de que no es suficiente o su aporte al mundo no es importante. Tener un espejo expansor de lo que es maravilloso en él/ella es algo que valorarán de verdad.

9. Resalta las cosas que ha hecho bien y motívale a que sea más generoso. Si tú también te dejas y permites que él/ella haga cosas por ti y agradeces el esfuerzo, estarás reforzando la confianza en sí mismo y motivándole a que haga más y de manera más espontánea.

10. En vidas pasadas este nativo tuvo una relación con sus padres en la que no tenía seguridad. Sería interesante saber si en esta encarnación pasó lo mismo de pequeño. Si en su infancia no sintió seguridad de parte de sus padres, si uno no afirmaba su afecto con palabras de amor y celebración de sus virtudes y aptitudes, este nativo cree que es mejor no confiar en que alguien estará allí para siempre y que le dará total atención. Por eso, si tiendes a "jugar" a "estoy pero no estoy", "te quiero, pero no me importas tanto", lo que haces es que se vaya más hacia su Nodo Sur en Acuario y no hacia el Nodo Norte que es lo que le hace sentir conectado y satisfecho. No seas tú una persona más que encaja en su creencia inconsciente de que nada es seguro y nada es para siempre, al extremo que se desanima a intentar.

- Personas con Nodo Norte en Acuario y Nodo Sur en Leo
- Personas con Nodo Norte en casa 11 y Nodo Sur en casa 5
- Personas experimentando eclipses de Nodo Norte en casa 11 y de Nodo Sur en casa 5

Panorama general

Las personas con esta configuración nodal fueron personas destacadas en sus vidas pasadas, personas que agradaban a muchos y que no tomaban riesgos que podían suponer la desaprobación de otros, así fuera de pocos. Su caída en vidas pasadas fue querer ser "moneda de oro" y agradar a todo el mundo. Por eso en esta encarnación estas personas ansían hacer las cosas a su manera, pero pueden tener mucho miedo. En vidas pasadas creaban para conectar con otros y el aplauso era una manera de saber si lo estaban haciendo bien o mal, así implicara estar totalmente desconectados de sus verdaderos deseos. Encontraban satisfacción entreteniendo o haciendo felices a otros y usaban una máscara para "encajar" con las personas convenientes, y no lo digo en mala onda. Sofía usó esta máscara mucho tiempo para poder ser parte de su familia, no ser juzgada pero tampoco darles pesares. Pero… ¿era libre o ansiaba una liberación? ¿Crees que en los años que guardó silencio quería ser centro de atención o más bien no llamar mucho la atención para poder hacer lo que quería hacer?

Tener el Nodo Norte en Acuario no se trata de "borrarte" entre la gente y que nadie te note porque Leo es Nodo Sur, hay que encontrar un balance. Con estos signos siempre se llama la atención: con la energía Leo porque irradia luz (la meta es que no sea artificial) y con la energía Acuario se llama la atención sin intención a hacerlo porque la persona se atreve a hacer las cosas de manera diferente. Ambas energías requieren valentía, lo que pasa es que a la energía Leo le importa cómo otros tomarán eso y a la energía Acuario no, así que estos nativos tienen que llegar al punto donde no les importe tanto ser quienes son. Esto puede trabajarse, o pueden verse obligados a hacerlo con una circunstancia kármica que los empuje y que, como pueden ver, puede tomar años.

Mi amiga Maia tiene esta configuración nodal. Es Cáncer de Sol y de ascendente, lo que "debería" hacerle muy pegada a su familia o a lo conocido, ¿cierto? Pues con el Nodo Norte en Acuario y el Nodo Sur en Leo, fue la primera que se fue de su casa y su ciudad natal para estudiar lo que quería, ya que donde vivía no era una opción. El norte de vida de estos nativos es "hacerlo diferente" y, aunque no es algo que se les da fácil, sí hay momentos en su vida que lo hacen de golpe, de manera radical, sobre todo si Urano -que es el regente de ese Nodo Norte- está teniendo movidas importantes como lo ha hecho en los últimos años.

Maia también ha tenido que aprender que, aunque ella quería resaltar un talento en específico, al mudarse de país y dejar lo familiar descubrió que su mejor talento era otro, uno diferente al que tenía en mente, algo que le costó aceptar porque había visualizado su vida trabajando en marketing, pero resulta que en codificación y tecnología tenía un genio que se "activó tarde". El haber dejado a su familia, su ciudad natal y a su novio de toda la vida (13 años juntos, desde chicos) la reprogramó bastante, sacándola de su zona cómoda y preparándola para los cambios constantes que tuvo que enfrentar al llegar a un país donde por tener que mantenerse sin apoyo, tuvo una gran variedad de trabajos. Esto quiere decir que Maia tuvo chance de verse haciendo muchas cosas diferentes y tratando con gran variedad de personas. Esto le ayudó a aprender a quitarse de su propio camino y dejar que la vida le guiara en lo que era mejor para ella, apartando el orgullo de "tengo que ser esto o aquello" o "ESTE es mi talento". Otro detalle que vale la pena mencionar es que Maia tiene tres hermanas: una mayor y dos menores. Para el año 2017, que estábamos teniendo eclipses en Leo y Acuario, Maia decide armar junto a otras personas un colectivo de asesorías. También fue el año en el que se casó, y después de eso su hermana mayor se inspiró a seguir su propio camino dejando la ciudad natal y sus dos hermanas menores también se animaron: una a dejar la carrera que no le gustaba y la otra a venirse con Maia a probar suerte en Estados Unidos. Aunque cada una de las hermanas tiene su misión personal, que no es la misma de Maia, lo que quiero que entiendan es que una persona nacida con el Nodo Norte en Acuario y el Nodo Sur en Leo hace cambios que enciendan la posibilidad de liberación y apreciación del talento en otros. Del trabajo de su propia chispa (con Leo como Nodo Sur), debe pasar por una purificación que motiva a este nativo a reinventarse y otros se animan a hacer lo mismo.

Ahora, quiero ampliar la visión de esta historia con otra: la de mi amiga Sofía.

Sofía viene de una familia muy grande y muy tradicional. La familia es muy buena onda, pero tienden a tapar ciertas cosas para que todo se vea bien, ya que son una familia muy conocida en su ciudad, y los hijos se casaron y los nietos vinieron y, bueno, podría decirse que en donde viven es raro que haya una persona que de alguna manera no sea primo, sobrino, etc., de alguno de ellos.

Nadie se divorcia en la familia de Sofía y nadie hace algo sin que se consulte con las cabezas de familia. Sé que se lee raro, pero aún en estos tiempos en pequeñas ciudades sigue sucediendo.

Sofía siempre fue diferente. Le gustaba jugar béisbol, le gustaban más los carros que las muñecas, pero nada fuera de lo que en esa ciudad se ve "normal". Sofía incluso tuvo un novio de muchos años, hasta que conoció a una amiga que le gustó y la revolvió. Pasó al menos tres años negando que lo que estaba sintiendo estaba sucediendo, hasta que el novio se fue a hacer un máster a otro país y al fin el romance de Sofía con la otra chica se dio.

Obviamente esto estuvo oculto de todo el mundo, principalmente porque en la familia de Sofía no había nadie que estuviera en relación con alguien del mismo sexo y porque eso, según la familia, no es de Dios.

Sofía la pasó muy mal, pero su relación continuó y se fortaleció. Ambas chicas acordaron vender todas sus cosas y mudarse de país. Y así fue en medio de los eclipses Leo-Acuario de 2016-2019. Al llegar a Estados Unidos se casaron, y fue después que Sofía le contó a su familia.

Ya imaginarán el revuelo que tuvo, el rechazo, las pruebas, etc., pero en menos de dos meses un primo pidió el divorcio, un tío dejó a su mujer y sus papás se vieron obligados a enfrentar la realidad de su matrimonio. ¿Es esto culpa de Sofía o podemos entender que su atrevimiento dio luz de liberación a otros que no se atrevían?

Aunque Sofía no vuelva a estar en contacto tan fuerte con su energía de Nodo Norte en Acuario, ya con esto puede sentir que ha cumplido su misión. Las consecuencias positivas y no tan positivas desde el punto de vista humano continuarán muchos años más si ella cambió la dinámica de una familia tan grande en una sociedad tan cerrada.

Lo más fuerte de esto es que no pasó mucho tiempo después de que Sofía dijera la verdad, tras seis años de relación, para que ella y su esposa se divorciaran, pero ambas dieron pasos importantes en la vida de la otra. Creo que podemos estar de acuerdo con que sin aceptar quienes son, no podrían atreverse completamente en otra área de su vida que no tenga que ver con el amor. Pararse en su luz es algo que les llevará a tomar la misma decisión valiente si vuelve a hacer falta.

Misión de vida

La misión de vida de estos nativos es liberarse y liberar a otros. Ser "promotor" de causas importantes, de aportar su grano de arena cambiando la consciencia del colectivo.

Para esto hacen falta varias cosas, lecciones y situaciones en la escuelita humana, como aprender a trabajar en grupo, no tener miedo en luchar por las causas que les parecen importantes, pasar penas hasta que ya no les importe el qué dirán o, como también pasa, nacen con una condición o situación que les hace tan diferentes que desde pequeños están trabajando esto. Por ejemplo: un niño con una condición especial es un buen ejemplo de estos nodos. No estoy diciendo que todo niño de condiciones especiales tiene que tener esta configuración, es solo un ejemplo para que entiendan bien. Nace con una condición que le hace diferente, único (Nodo Sur en Leo), pero su vida cambia la vida de otros, su aceptación y trabajo en sus talentos inspira a muchas personas más.

Otro tema súper importante en la vida de estos nativos es el amor romántico. Con el Nodo Sur en Leo, el amor fue de los temas más importantes en sus vidas pasadas. En esta encarnación pueden evitar alinearse con su misión por estar de relación en relación, pero siempre llega la relación que le alinea con su propósito, porque al ser una de las vías a su atención, por ahí se cuela la lección. Usualmente es una relación atípica o diferente a las anteriores, una que le hará aceptar partes de sí que teme aceptar o que pone en juego su sensación de pertenencia. Esto tiene que ver con su misión de vida que también es enseñarnos a los demás que vale más pertenecer que encajar y que, si siempre jugamos a encajar, jamás podremos realmente pertenecer y que podemos quedarnos presos de una máscara el resto de nuestras vidas.

Lo que estos nativos realmente quieren es ser amados por quien en verdad son y encontrar su familia en esta encarnación. Más allá de encontrar a su familia de sangre, es encontrar a personas que conocen mientras se van quitando capas. Por esto tampoco es raro que sientan que son los diferentes o los que se ven motivados a no quedarse dentro del patrón familiar. Estos nativos encarnaron también para reinventar la dinámica de su familia, afectándolos a todos.

Lección kármica

Las lecciones kármicas para estos nativos se dan a través de relaciones románticas y a través de situaciones que les proponen mostrar algo de sí que no quieren. Pareciera que la lección es la otra persona en la relación o el proyecto/situación que piden que se muestre, pero en verdad la lección kármica es llegar al "no me importa la aprobación de otros y con esto puedo liberarte a ti también".

Sofía pudo pensar que su esposa era la lección kármica, pero no. Era un karmamate que le ayudó a encaminarse con su lección cósmica y, una vez que la cumplió, se acabó.

No se asusten pensando que no habrá relación romántica que les dure. Mírenlo de esta manera: ahora que Sofía se ha atrevido, no tiene por qué recibir lecciones kármicas a través de esa vía. Quizá más adelante un proyecto, amistad o situación de familia le pide que muestre otra parte de ella, o se apasiona luchando por una causa que le parece importante, pero una vez asumido el riesgo, ese tipo de lecciones no necesita repetición.

TIPS para RELACIONARTE mejor SI tienes ESTA CONFIGURACIÓN nodal

1. Lo más importante es conectar con lo que de verdad deseas. Los rituales diarios de conexión serán negociables por un buen tiempo hasta que estés bien con escucharte y atreverte a hacer algo por lo que descubres. Meditar, hacer *journaling* y es clave preguntarte "¿es esto algo que yo deseo para mí o es algo que deseo porque hará feliz a otros?". Evaluar las posibles consecuencias de hacer lo que de verdad quieres hacer te llevará a notar con el tiempo que son miedos heredados o proyectados más que miedos tuyos en sí.

2. Nota cuánto te duele ver a otros sufrir por no poder ser quienes son o hacer lo que de verdad quieren. Las personas con tu configuración nodal tienen un llamado humanitario con esto, así que ver a niños en problemas o a animales sufriendo, así sea en un país lejano al tuyo, te mueve con fuerza porque esa es tu misión, liberación. Por eso, defender, apoyar y hasta ser cara de una causa te ayudará poco a poco a entender lo importantes que son tus causas, tus llamados y tus deseos.

3. Aprende a trabajar en equipo y mejor si lo logras siendo parte de actividades o *hobbies* que te gustan, por particulares que sean. Quizá ya estás muy grande para ser parte del equipo de deletreo de la escuela de palabras que solo empiezan con la letra "ñ" (sí, así de particular), pero ahora ya grande tienes más libertad para elegir el equipo de lo que se te ocurra, del tema que te llame la atención, y así poder explorar tus excentricidades. Para ti encontrar otras personas "raras" o diferentes con quienes puedes hablar del tema, es súper importante para ganar confianza y atreverte a ser quien eres.

4. Hazte más consciente de cuando te pones una máscara para agradar a los demás. Nótalo en cómo te vistes, cómo hablas, las cosas que dices que te gustan. Puede que ya hayas pasado algunas pruebas y ya no lo tengas tan marcado. Sabes bien que la mayoría de las personas se "maquilla" el comportamiento para agradar, pero quizá para otros no es uno de los puntos de cambio en sus vidas, para ti sí.

5. Nota el deseo que aún tengas (de tu Nodo Sur) de ser el centro de atención y nota cómo mantiene estancado un proyecto. Si, por ejemplo, lanzas una marca, lo mejor sería que no tenga tu nombre, sino que sea un nombre con el que cualquiera pueda identificarse y que hable a muchos tipos de personas, en vez de segmentar.

6. Para ti es importante sentirte parte de una comunidad y crear comunidad. Trabajar en un colectivo, ser parte de la comunidad de yoga en tu ciudad, crear comunidad con tu mensaje o marca son pequeñas tareas que te alinean con tu misión de vida y que elevarán tu energía, aunque al inicio se sientan raras. Para ti lo más natural sería hacer las cosas tú o llamar la atención de acuerdo a lo que crees que llama la atención, pero no te dará total satisfacción como cuando sientes que eres parte de algo más grande.

7. Otro de los temas que tiene que ver con tu misión es lo justo e igualitario en cuanto a oportunidades para todos. Tiene que ver con la liberación de viejos regímenes o viejos sistemas de creencias. Para poder elevar tu energía y enlazarla con tu misión, recuerda preguntarte qué es justo para ti y cómo puedes liberarte de miedos desde adentro. Por mucho que quieras hacer esto analizando y pensando, lo que de verdad te dará una respuesta es tomar acción por lo que crees que puede ayudarte a encontrar evidencia contraria a lo que todos dicen que hay que hacer. Buscar, conocer y conversar con personas que se han liberado de algo que te atañe es buena idea, usarlos como espejos expansores de que sí se puede y que no es egoísta, sino que justo después de hacer las cosas como se esperaban de ti, también las hagas como tú quieres.

8. Una vez que empiezas a alinearte con tu energía de Nodo Norte puede desatarse tu niño interno rebelde, sobre todo si ha estado muy reprimido. Si de la rebeldía caes en fases de drama y de llamar la atención con lo que estás haciendo porque eso te alimenta, estás cayendo de nuevo en tu Nodo Sur. Si la energía rebelde es más que todo para mantenerte comprometido con los cambios que ya sabes que tienes que hacer, si es más una rebeldía interna de no seguir cayendo en los mismos patrones de siempre, empezarás tu liberación.

9. Cree en tus visiones. Ustedes han encarnado con el don de ver lo que otros no pueden, sobre todo en cuanto a tendencias, lo que es más justo y accesible para todos. Quizá no todas tus ideas de emprendimiento son ideas millonarias, pero más de una te valdrá la pena y la gloria trabajar, así que cree más en ti y verás que en el proceso te llegas a conocer mucho mejor y a conectar con tu intuición.

10. Enfócate más en la ganancia colectiva que en la ganancia personal. Que tu emprendimiento, cruzada y hasta relación sean focos de luz para que otros se atrevan a seguir sus visiones, desafiando el deber.

Coaching Session...
CONVERSACIONES CON TU DIARIO

Ante una decisión importante pregúntate:

1. "¿Esto me trae aplausos de otros o es algo por lo que yo me voy a aplaudir porque realmente afirma quién soy?".

2. "¿Estoy haciendo esto porque me traerá admiración o lo estoy haciendo porque es algo que el mundo necesita tener o que puede ayudar a otros?".

3. "¿Tengo apego a lo que estoy haciendo y chequeo constantemente a ver si tiene *likes* o aprobación, o una vez que lo hago estoy en paz porque lo he liberado al mundo?".

4. "¿La validación que necesito depende de otros o he aprendido a validarme yo mismo?". Si no sabes validarte, empieza por validar lo que sientes en cada momento, honrándolo. Nadie tiene que darte permiso para sentirte bien o mal, no necesitas una razón para estar feliz y tampoco necesitas leer que Mercurio está retrógrado para darte un permiso para una pausa porque estás con la mente nebulosa.

5. "¿Amo lo que hago o amo la celebración de lo que hago?". Solo hacer lo que amas y estar presente, así sean 20 minutos al día, te ayudarán a cultivar la validación personal.

6. "¿Pienso que todos deberían darme respeto o estoy aquí para respetar todo ser viviente y validar también sus situaciones?".

7. "¿Tiendo a tomarme todo muy personal o he logrado poner la pausa antes de saltar a conclusiones de lo que otras personas piensan de mí?".

8. "¿Cuánto me afecta un comentario negativo y cuál mecanismo de defensa uso para volver a sentirme bien?".

9. "Cuando quiero llamar la atención, ¿realmente de quién quiero llamar la atención?".

10. "¿Será que puedo darme la atención que demando de otros para poder validarme, integrarme y empezar a compartir mi luz desde un lugar de integridad en vez de hacerlo con agenda?".

    Recuerda: puedes pedir a otros que te escuchen, que entiendan cómo te sientes, pero no necesitas la validación de ellos para aceptar tus emociones. Las emociones son indicadores y te ayudan a conocerte mejor y cuando las expresas, te validas. Puede que al inicio las expreses de manera no regulada, sobre todo si es algo que estás empezando a hacer, pero eso no ha de detenerte y hacerte volver a lo seguro que es sentir según lo permiten los demás. Busca ayuda, puedes buscar un terapeuta o *coach* que te ayude a regular emociones o a crear una buena salida para los mismos, para reconocerlos sin juzgarlos, para no acumularlos o para no caer en mecanismos que te lleven a adormecerte. Aprender a validarte emocionalmente te dará más energía y conexión con tu poder personal que el aplauso de otros.

    Espero que estas preguntas te ayuden, que sean un buen lugar para empezar.

TIPS para RELACIONARTE con un nativo DE ESTA CONFIRGURACIÓN nodal

1. Empieza por notar si tu amado con esta configuración aún está tratando de complacer y encajar o ya ha empezado su liberación. Nota también si tú eres diferente a las relaciones anteriores y si estás dispuesto a atravesar un gran cambio con él/ella. Recuerda que estos nativos tienden a hacer lo que les dará reconocimiento, y si en eso entras tú en vez de ser un llamado del corazón, tienes al menos que estar consciente.

2. Nota si tiene detalles y si hace las cosas porque le nacen o si a veces sientes que las hace obligado, y motívale a que haga lo que le nazca. Quizá ya has demandado que tenga detalles, pero eso no ayuda a las personas con esta configuración nodal. No quiere decir que no sean detallistas o románticos, porque lo son. Quiero decir que hacer las cosas para tener aprobación o que les pongas una medalla les mantiene en el Nodo Sur, y allí no sienten verdadera satisfacción.

3. Motívale a que vaya al menos a una reunión de ese tema que le gusta mucho. Acompáñale. Si juntos disfrutan de algo en particular, practíquenlo, celébrenlo y busquen a otros con quienes puedan hablar de eso.

4. Es importante que como pareja sean amigos y que además tengan amigos, que no sea una relación donde todo el tiempo están los dos solos y haciendo planes solos, porque esto le llevará al nativo a la tendencia de drama que tiene, que se aplaca cuando comparten con otras personas. Tengan planes que rompan la rutina y que los haga sentir parte de una comunidad.

5. Interésense en una causa humanitaria. Quizá pueden donar un dólar mensual a una causa o lanzarse a un viaje para ayudar a niños en otro país.

Este tipo de actividades no solo les une, les cambia la perspectiva sobre lo que pueden hacer juntos y le ayudará a sentirse en su mejor versión.

6. Evita las críticas destructivas cuando intenta algo nuevo y diferente. Bastante le cuesta ya. Nota en ti si te molestan esos cambios porque sientes que está haciendo mórfosis en otra persona que no es tu ideal. Si es así, quizá no estás en la relación adecuada. Él o ella necesitan apoyo para ser quienes en realidad vinieron a ser y no seguir cumpliendo con los requisitos de otros para que sean felices.

7. Apoya sus visiones de emprendimiento. Ayúdale a notar las que son posibles, sustentables y las que bueno... no les ha llegado su momento. Apóyale también ayudándole a crear un plan mientras cambia de trabajo, ya que estos nativos tarde o temprano logran hacer dinero de manera poco convencional.

8. Practica con él/ella meditación u otra práctica espiritual. Esta práctica ayudará a aplacar la fuerza del YO como centro, que, más que ser creídos, se trata de negar lo que de verdad desean para que el YO que muestran sea respetado por otros. Con las prácticas espirituales logran rendirse y aceptar que están haciendo bien a sí mismos y a otros escuchándose, atendiéndose y compartiendo su verdadera luz al mundo.

9. Con el Nodo Sur en Leo, estas personas quieren que sus parejas románticas les hagan sentir especiales. ¿Y quién no? Pero para ellos puede ser importante incluso ser tu prioridad. Demostrar afecto y ayudarles a sentirse bien con lo que se están atreviendo es de ayuda, pero atenderles a un punto en el que TÚ te olvidaste de tus necesidades no. Este nativo debe aprender también a ver lo especial en otros, así que sugiere que te trate como quiere ser tratado, que las necesidades de ambos son importantes y que los dos tienen sus talentos únicos.

10. Estos nativos se prestan a relaciones no convencionales y abiertas. No serán todos, pero entre más se alineen con su Nodo Norte en Acuario más se olvidarán de encajar con una etiqueta. La comunicación es clave para ver qué quiere o qué siente él o ella. Tú también sé claro/a si esto es algo que deseas.

CAPÍTULO 8

El cuerpo de la espiritua

(Del controlar

AXIS VIRGO – PISCIS
CASAS 6 Y 12

Este capítulo es para:
+ **Personas con nodos en Virgo y Piscis**
+ **Personas que aman a alguien con nodos en Virgo y Piscis**
+ **Personas con nodos en casas 6 y 12**
+ **Personas experimentando eclipses en casas 6 y 12**

+ Personas con Nodo Norte en Virgo y Nodo Sur en Piscis
+ Personas con Nodo Norte en casa 6 y Nodo Sur en casa 12
+ Personas experimentando eclipses de Nodo Norte en la casa 6 y de Nodo Sur en la casa 12

Panorama *general*

Quizá porque tengo ascendente y Luna en Piscis más el Vértex en Virgo, he tenido muchas personas con el Nodo Norte en Virgo y el Nodo Sur en Piscis en mi vida.

La persona más importante para mí con esta configuración nodal fue mi abuelo, que al mismo tiempo fue mi papá, pues él me crió. Acuario ascendente Virgo con Nodo Norte en Virgo y Nodo Sur en Piscis, aún creo que era un pan de Dios. Sin embargo, ya siendo adulta puedo notar las consecuencias negativas en su vida de no afirmarse, del ego de víctima, de hacer, hacer y hacer en cantidad, pero no en calidad. Lo entendí porque El Extranjero, un novio con el que duré ocho años, tenía exactamente la misma configuración: Sol en Acuario, ascendente en Virgo, Nodo Norte en Virgo y Nodo Sur en Piscis.

Una de las razones por las que me mudé de país fue porque mi relación con mi abuela era muy difícil, y no solo conmigo, también con mi mamá y mis tías. Mi abuela tendía a competir con nosotras por la atención de mi abuelo y él siempre le daba la razón a ella, aunque no fuera lo justo con nosotras. La casa era una batalla constante entre varias mujeres. Lo que sea que alguna de nosotras llegara a adquirir, mi abuela también lo quería. Tras una de las peleas con ella, logré mudarme sola. Tenía 20 años. Pero cuando cumplí 22, a mi abuelo le detectaron un tumor y me mudé de vuelta con ellos (mis abuelos) para cuidarlo, porque mi abuela no quería ponerse en esa labor. Allí empezaron los problemas de nuevo. Un rato más tarde logré negociar con mi abuelo irme a Estados Unidos a vivir con mi mamá y el resto es historia que ya he contado.

El lunes que me fui de mi ciudad natal y que me despedí de él fue la última vez que lo vi. A los cuatro meses tuvo un derrame cerebral y no había nadie para ayudarlo, así que lo encontraron al día siguiente ya muy mal. Para ese momento, por estar tramitando asuntos legales y por no tener dinero, no pude ir al entierro. Y entre refugiarme en trabajo, en echar hacia adelante y no entrar en el problema familiar que empezó con su muerte, me moví físicamente hacia adelante, pero emocionalmente ni cerca. Dos años después conocí a El Extranjero, sin notar -era muy inconsciente para notarlo- que era prácticamente la misma persona que mi abuelo. No fue sino bien adentro de la relación, que entendí muchas cosas.

Una vez vinieron sus familiares de otro país y fue evidente que él solo podía casarse con una mujer de su misma religión. Cuando eso pasó, entendí que estaba en la misma situación que mi abuela y observé cambios en mí que me ponían del mismo humor que yo veía en mi abuela 15 años atrás y del que entonces renegaba. Entonces entendí por qué mi abuela había cambiado tanto. Entendí que lo bueno que tenían como pareja no se sentía tan bueno si no asumían responsabilidad por la vida que estaban creando o no tomaban una postura por lo que era justo.

Dicho esto, ¿cómo son las personas con el Nodo Norte en Virgo y el Nodo Sur en Piscis?

Estas son personas que en vidas pasadas sacrificaron mucho de sí para poder ayudar a otros. Sacerdotes, monjes, personas que entregaron su vida a una religión son buenos ejemplos de esta configuración nodal. Aunque esto no es negativo en sí, lo malo es que, al hacerlo, encontraban alivio de no tener que defender aquello en lo que creían o asumir una postura, más bien tomaban la de otros.

Estos nativos son muy buenos diciendo que la posición la marcó otro, que hay algo más grande que ha determinado su posición y misión, en vez de ponerse a la tarea de descubrirla.

Son personas inclinadas a la espiritualidad y sumamente sensibles e intuitivas, pero a menos de que recuerden que están encarnados y que necesitan estructura y una idea sana del "YO", tienden a perderse en actividades, situaciones y personas que pueden desviarles del camino.

Como no les gusta enfrentar situaciones sino dejarlas correr, pueden estar en una situación negativa mucho tiempo. Como no se meten con nadie, son considerados como personas buenas, y lo son, pero bueno no es suficiente si no se asume responsabilidad o una postura. Bueno no es bueno si no es justo. Y lo sé: ser justo o tener una postura es algo humano. En lo espiritual todo es justo porque nos llevará eventualmente a crecer, pero estas personas tienen que estar más presentes en su vida humana que flotando en el éter.

Misión de vida

Todos hemos conocido a alguien que no atiende su vida humana, su cuerpo o su bienestar, por estar atendiendo una llamada espiritual. También hemos visto personas trabajando como canales espirituales sin sanos límites. Estos nodos hablan de esas situaciones y de la importancia de saber que somos seres espirituales teniendo una experiencia humana, en la escuelita de encarnación, porque nos faltan lecciones por aprender. Ahí recae la misión de estos nativos.

La misión de vida de estos nativos está en darle estructura a su naturaleza espiritual, en practicar de manera organizada, dedicada y responsable su relación con su luz para ponerla al servicio de otros.

También cuidar su cuerpo, que es el canal para desplegar su misión espiritual y cortar con tendencias de victimización o escapismo. Para lograr esto, estos nativos deben usar su discernimiento, apoyarse en hechos, estudios, rutinas y estructuras como alguien que está construyendo una nueva vida desde cero. Prestar atención a las demandas de la realidad, llevar calendarios con alertas y notificaciones de cuándo toca pagar las cosas, prepararse con tiempo, tener una rutina que incluye el cuerpo y aprender a escucharlo son cosas sumamente importantes.

Por otra parte, los secretos son parte importante de la vida de estos nativos. Sea porque hay muchos secretos en su ambiente familiar, hay temas que no se pueden tocar o hay asuntos que no se pueden discutir. Estos usualmente tienen que ver con religión u otra creencia "espiritual".

Esta tendencia tiende a ser más fuerte si por ejemplo:

+ Nacieron en una religión restrictiva, donde hay que seguir reglas o si no serán castigados.
+ Hay temas que en su casa/familia no se hacen y no se discuten.
+ Hay muchos secretos en la familia y de alguna manera terminan siendo confidentes, guardando energía que no es suya y que llega a pesarles.

Estos nativos deben aprender a decidir qué tanto revelan de sí al mundo, pero de manera consciente, es decir, responsable. Es muy diferente estar escondiéndose o evadiéndose, llevando una doble vida, en vez de asumir responsabilidad y pasar por los pasos necesarios para crear un cambio. Dejar de ser evasivo hace parte de tu misión de vida. Es indispensable para alcanzar la satisfacción personal y aprender las lecciones que viniste a experimentar.

Lección kármica

Estas personas tienen dones divinos, han encarnado para sanar a otros, tienen habilidades para crear lo que quieren y una vez que se lo proponen atenderán situaciones al detalle. La idea no es que se conviertan en una perfecta representación de la energía Virgo, sino que encuentren un sano balance. Deben tener una visión y llevarse paso a paso, porque también pueden caer en hacer demasiado para no lidiar con la realidad. Lo más importante para estos nativos es traducir lo divino en lo práctico, sanar su consciencia, trabajar en sí para después ser luz de sanación para otros.

La mayoría de sus lecciones kármicas vendrán a través de situaciones de salud, de cuerpo, de rutina, y de pérdidas: perder negocios, situaciones y/o relaciones por no haber actuado a tiempo. Si bien una enfermedad o pérdida será su lección para despertar, no tienen que llegar a situaciones tan dolorosas y tampoco tienen que repetir estas situaciones muchas veces si hacen trabajo de consciencia. La meta con esta información espiritual que traen es integrarla para ayudarse a sí mismos y ayudar a otros.

TIPS para RELACIONARTE mejor SI tienes ESTA CONFIGURACIÓN nodal

1. Deja de buscar un salvador. Personas con esta configuración nodal tienen la tendencia a hacer cargo a otro o seguir el mando de otro, evitando "tener que pronunciarse" y asumir responsabilidad. También tienden a caer en el ego de víctima, entonces necesitan a alguien que los salve. Esto puede ser muy atractivo para personas que tienen posición de juez o perseguidor, tal como lo muestra el triángulo de Karpman (te recomiendo buscarlo en Google). Una persona en posición de víctima es atraída a un juez que puede decirle qué hacer, también a un perseguidor que va llevando la cuenta. Al final es una dinámica tóxica que impide la integración emocional de los involucrados.

2. No uses las herramientas espirituales como excusa para no enfrentar ciertas situaciones o para endosar responsabilidad. ¿Sabes lo que es un *"bypass* espiritual"? Es la tendencia a usar lo espiritual para evitar tomar responsabilidad o lidiar con lo importante. Por ejemplo: "fue culpa de Mercurio retrógrado", "soy espiritual porque medito y hago yoga". La verdadera espiritualidad conecta y nos ayuda a atravesar procesos internos que incluyen asumir responsabilidad.

3. Nota la tendencia al ego de víctima. Muchas personas piensan que "ego" es creerse demasiado. Ego es una idea de quien somos, y también el "maquillaje" que nos ponemos para darle base a esa idea. El ego de víctima es la idea de "pobre de mí" o "tengo que sacrificar porque no soy suficiente". Esto es un arma de doble filo, porque mientras uno se siente víctima no tiene energía para enfrentar la realidad, asumir responsabilidad y generar cambios.

4. Dale un poco de estructura a tu conexión wifi abierta con el universo. Si tienes estos nodos, has encarnado con dones espirituales. Tienes sueños que se hacen realidad, que predicen situaciones. Puedes ver cosas que otros no. Puedes sentir a las personas, pero sin una buena estructura para canalizar ese don puede hacerte sentir raro/a, drenar tu energía, darte miedo, querer negar lo que estás sintiendo y querer evadirte. Lo principal es mejorar la relación con tu cuerpo, atender tus necesidades y tenerte bien. Luego notar tu don y buscar ayuda para desarrollarlo, si es necesario. Un guía o mentor es la mejor opción.

5. Busca un trabajo que te permita usar la energía Piscis, pero bien canalizada. Por ejemplo: trabaja como terapeuta, enfermero, facilitador de reiki, sonoterapia, danza, curación con las manos. Todo esto requiere un entrenamiento y también un código de ética que te ayudará a darle estructura a tu don.

6. Mantente atento a tus necesidades básicas: cuerpo y salud. Personas con estos nodos tienden a descuidarse, a no sentir su cuerpo. Pueden tener un dolor y no notarlo hasta que está muy fuerte, tener ganas de ir al baño, pero olvidarse porque están inmersos en una situación. Comer bien, dormir suficiente y mover el cuerpo es súper importante. Recuerda que tu cuerpo es el canal y móvil de tu misión. Sin salud no podrás trabajar con tu luz.

7. Recuerda que la sanación debe darse adentro. Si intentas sanar una alergia con la crema tópica, pero sin resolver la causa de la misma, volverás a tener reacción. De la misma manera, no trates de tapar o resolver algo afuera sin cuestionarte qué es lo que lo genera adentro. Tu cuerpo te mostrará señales para que puedas empezar a ubicar la causa. Aprende a leerlo.

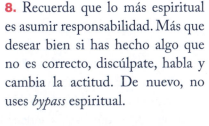

8. Recuerda que lo más espiritual es asumir responsabilidad. Más que desear bien si has hecho algo que no es correcto, discúlpate, habla y cambia la actitud. De nuevo, no uses *bypass* espiritual.

9. Reconócete como cocreador de tu vida, como parte activa y protagonista para crear los cambios que quieres. ¿Qué ganas realmente con la pasividad? Solo ceder tu poder personal. Deja de esperar que venga un Mercurio retrógrado o que algo cambie afuera. Puede ser que tu pasividad te haga caerle bien a muchos, pero sabes también que esas personas tienden a irrespetar tus límites sanos. Sé más asertivo, toma decisiones, aprende a decir que no. Empieza por poner sanos límites, obligándote a decir que NO cuando tenerte y tenerse bien.

10. Recuerda esto siempre: tienes derecho a sentirte seguro/a por tu propio mérito, de conocerte tomando decisiones y de cambiar tu realidad cuando lo desees. Que en vidas pasadas fueras al ritmo de otros y aprendieras a sacrificar tu YO no quiere decir que estás condenado a vivir lo mismo esta vez. Al contrario, encarnaste para cambiar completamente esta historia. Nota lo que tanto te llama la atención de otros: su capacidad para tomar mando, decisiones, decir que no, saber lo que merecen. Edúcate, atrévete, conócete, toma riesgos, cuida de ti, aliméntate y ejercítate de manera que te haga sentir principalmente a cargo de ti mismo y tu bienestar. No esperes más, la vida es ahora.

Coaching Session

GUÍA SIMPLE PARA INTERPRETAR LOS SUEÑOS

Jung decía: "Los sueños nos preparan para situaciones que están por suceder. No es un milagro o predicción. La mayoría de las crisis tienen tiempo incubándose en el inconsciente".

Creo que lo más importante de los sueños es que son nuestros. Tienen que ver con nuestra interpretación de las cosas y entre más trabajamos internamente, más claro para nosotros será su significado. Ten en cuenta que muchas veces los sueños no son literales, sino muy personales. Por eso es difícil que un libro te ayude a interpretarlos. Después de todo un delfín puede ser lo más cuchi para ti y lo más terrorífico para mí.

Por eso, y porque los sueños para ti son una excelente herramienta, te dejo como guía:

1. Cada persona en nuestro sueño es una parte de nosotros. Si sueñas con tu hermanita y ella está exponiendo algo, es la parte más infantil de ti que quiere expresar algo. Si sueñas con tu ex, puede que no tenga nada que ver con él sino con cómo te sentías tú en esa época que estabas con él. A lo mejor eras más aventurero/a y extrañas eso, te extrañas a ti. Por eso, más que quedarte con que soñaste con la persona x, pregúntate qué representa esa persona para ti, cuáles son sus cualidades y energía.

2. El lugar y el clima de un sueño hablan de tu estado emocional. Por ejemplo: "estaba lloviendo", y para ti la lluvia es un clima emocional. O "estaba soleado y estábamos en la playa" y a ti te encanta la playa entonces soñar con ella habla de que estás abierto/a a esa experiencia, que algo estaba expuesto o que algo se dejaba ver y disfrutar.

3. Escribe tus sueños apenas te despiertes. Puede que muchas veces no te acuerdes, pero si mantienes papel y lápiz al lado de tu cama y vas creando el hábito, vas a recordarlos mucho más y, con la práctica, aprenderás a interpretarlos mejor.

4. Interpreta tus sueños hablando con un psicoanalista. Te gustará su acercamiento analítico y te ayudará a entender tus propios símbolos.

TIPS para RELACIONARTE con un nativo DE ESTA CONFIRGURACIÓN nodal

1. ¡*Teamwork*! Una de mis mejores amigas nació con esta configuración nodal. Ella es muy creativa, pero un tanto desorganizada. Su esposo le animó a tener "reuniones" los sábados para ver cómo van sus proyectos. Ella es chef, su esposo arquitecto con mucho amor por la fotografía. Él le propuso en esas "reuniones" que ella hiciera sus creaciones culinarias y que él les tomara fotos para que ella las subiera en su página web y así poder mostrar a los clientes lo que hace. La estructura de él le ha ayudado mucho y aún recuerdo estar comiendo con ella y que le llegara un recordatorio de varias cosas que se habían propuesto hacer esa semana de la última "reunión" que tuvieron. Quizá esto no es viable para todo el mundo, porque puede ser tomado como una dinámica mamá-hijo/

papá-hija, pero mi amiga se lo toma como un acto de amor y les encanta trabajar juntos en sus pequeños proyectos. Ella ha aprendido a crear estructura y también a darle más valor a lo que hace.

2. No abuses de su tendencia al autosacrificio. Sabes que hará hasta lo imposible por lo que le pides. No abuses, más bien sé la persona que le ayuda a poner sanos límites, que le ayuda a reconocer su valor y le enseña que está bien decir que no.

3. No le tomes como un ser frágil que puede romperse. Estos nativos nos hacen sentir que si somos fuertes con ellos o si decimos lo que nos molesta, van a romperse, pero no. Es parte de sus lecciones de vida aprender a manejar críticas, eso sí, con respeto. Dale críticas constructivas y también demuestra respeto hacia él/ella y a la relación diciendo con claridad lo que te parece que está mal.

4. No toleres *wishi-washi*, eso de que una situación está turbia, de que te parece que hay una mentirita blanca, que algo no te cuadra… pregunta de frente. Estas personas SABEN que proyectan una imagen frágil o que se ven supersensibles, porque lo son, pero también lo usan a su favor. En nombre de una relación consciente, no toleres esos espacios grises.

5. Cacha cuando cae en el ego de víctima contigo, con otros, con quien sea, y hazle notar cómo puede asumir responsabilidad en una situación. Más si este nativo es tu hijo y empiezas a cachar esa tendencia temprano.

6. Puedes ayudarle a cachar lo que no quieren ver. Puedes ayudarle a que aprendan e integren algo, sin hacer de mamá o papá. Si alguna vez te hace sentir mal porque "tú no quisiste ayudar", entiende que no está consciente de esa dinámica que no ayuda a la relación y déjale claro cuáles son los límites sanos para una relación adulta. Cero manipulaciones.

7. Motívale a meditar o a llevar un diario. Él mismo empezará a notar cómo va llevando sus procesos. Si no se anima o no se compromete con el hábito, puedes recordarle de vez en cuando los antecedentes de una situación. Por ejemplo: el nativo se queja de que un amigo hizo x cosa y salta a la posición de víctima. Puedes por ahí, como quien no quiere la cosa, recordarle que eso pasó el mes pasado y que hablaron de eso y te dijo que ya no iba a volver a darle toda su confianza a x amigo. En otras palabras, tú eres un poco el diario o el *tracker* de su vida, con la paciencia de un santo.

8. Si esta persona tiene un hábito que le hace daño y no escucha razón para pedir ayuda, puede que te veas en una situación de realizar una *intervention*. Evalúa muy bien la situación y si de verdad le quieres y se escapa de tus manos, pide ayuda. Estas personas tienen la tendencia a evadir responsabilidad. Ojo: esta configuración no es determinante como para decir que una persona tiene adicciones, pero está la tendencia, como las personas que nacen con el Sol junto a Neptuno o Marte junto a Neptuno. Es una observación.

9. Estas personas tienen que aprender a manejar mejor su relación con el mundo material y el dinero. Si están casados o viviendo juntos, es importante que estén en la misma página en cuanto a los gastos, ya que este tema es una fuente de discusiones en matrimonios. Por eso, si la relación empieza a ponerse seria, no tardes en tocar el tema y conocer cómo maneja sus cuentas o si tiene préstamos o deudas del pasado. Si puedes ayudarle y enseñarle a mejorar su manejo, pues qué bendición.

10. Una pareja "debe" creer en ti y en tus visiones increíbles, para eso también estamos, ¿no? En tu caso, que amas a alguien con esta configuración nodal, escucha la historia, dile que te cuente su visión, pero también sé quien, con amor, empieza a traerlo/a a tierra con observaciones sobre la verdadera viabilidad y sostenibilidad del caso. Ayúdale a que se enfoque en los recursos que tiene para hacer de esa visión una realidad.

+ Personas con Nodo Norte en Piscis y Nodo Sur Virgo
+ Personas con Nodo Norte en casa 12 y de Nodo Sur en casa 6
+ Personas experimentando eclipses de Nodo Norte en casa 12 y de Nodo Sur en casa 6

Empecemos con las historias…

La primera que quiero contar es de un amigo Virgo, con ascendente en Virgo, Saturno en Virgo, pero con la Luna en el Nodo Norte en Piscis. Él es la persona más Virgo que puedes conocer. Su trabajo es categorizar materiales y hacer inventarios. Ama tanto hacerlo que desarrolló un método que después convirtió en *software* para su empresa. Es feliz organizando y, ahora cuando hay eventos grandes en su ciudad que envuelven los materiales que usa, se pone el cartel de manager de proyecto organizando toda la exposición. PERO… recurrió a mí porque tenía sueños muy raros y, peor para él, sueños que se cumplían. Eran como un *déjà vu*, pero tan vívido y tan seguido que empezó a asustarse en serio. Luego le pasó que varias veces se desdoblaba y la cosa fue "empeorando" cuando empezó a enamorarse. Según él, esto afectaba sus rutinas y al recordar los sueños se distraía. Quería una solución rápida para "despojarse" de eso que le estaba ocurriendo, hasta que un día tuvo un sueño muy raro que solo él sabía interpretar y le gustó jugar al detective. Soñó con un venado en medio de un bosque. El venado se paraba y se le quedaba mirando. Luego caía. No moría, pero caía.

Le pregunté:

Yo: ¿Qué significa para ti un venado?

Él: Es un animal bonito, pasivo.

Yo: Dime rápidamente qué relacionas con venado.

Él dijo la palabra venado en inglés, en español y en ruso. Ahí paró. El apellido de su abuelo es "venado" en ruso, pero como un sinónimo.

A las semanas su abuelo cayó enfermo y él entendió lo que el sueño quería decirle. A partir de ahí empezó a hacerse más caso y a entender que podía adelantarse a ciertas cosas con sus sueños y que podría también ayudar a otros con ellos, pero tenía que permitírselo.

La segunda historia es la de una cliente que es actriz y empresaria. Desde pequeña ha estado inmersa en el arte y la actuación, que es mucho el campo de Neptuno, regente de Piscis y regente de este Nodo Norte. Para los que no lo saben, Neptuno rige todo lo que tiene que ver con arte, grabaciones, fotos, creación de escenarios y creación de situaciones para hacer sentir. Lauren (así voy a llamarla) es Tauro ascendente Capricornio, por lo que siempre ha sido bastante decidida y muy trabajadora. Ella eligió ser actriz porque le nacía, tenía ángel, se metía en el personaje y podía encarnar cualquier cantidad de emociones. Ya en a mitad de sus 30's, Lauren emprendió exitosamente como empresaria, diversificando no solo su fuente de ingreso sino también explotando positivamente sus habilidades. A sus 36 (en pleno retorno nodal) se enamoró locamente, se casó y a los 37 quedó embarazada de su primer hijo.

Nota: todo lo que vivimos de los 35 a los 38 años coincide con nuestro retorno nodal adulto exacto y, por tanto, tiene mucho significado en nuestras vidas. Su meta es alinearnos con nuestra misión.

Las dificultades que Lauren tuvo en el embarazo y las situaciones que vivió cuando nació su hijo le hicieron plantearse la posibilidad de abrir un lugar de apoyo para mamás donde pudieran manejar sus emociones, apoyarse y balancear sus vidas. Fue así como a los 39 años abrió un centro de ayuda psicológica para madres donde además de terapeutas, también hay facilitadores de sonoterapia, reiki, yoga, etc. Desde que comenzó con su centro, empezó a cambiar su manera de ser, su apariencia y hasta su estilo. No es que antes no fuera ella o fuera una fachada, el cambio fue de actitud de guerrera a flotar como una musa con una luz divina. Dejó de actuar, dejó el otro negocio y entró de lleno en el centro con su esposo y, hoy por hoy, ayudan a muchísimas mujeres y niños. La última vez que hablamos quería organizar un viaje para ayudar a madres y niños en lugares con bajos recursos, convocando a personas que llamaran la atención de los medios.

La tercera historia es de Francesca: Speedy Bee Copello. Fran, que me acompaña a los eventos, empezó en Miastral como asistente para pasar luego a project *manager* y después a *manager* general. Ella es Sagitario con ascendente en Virgo, Nodo Norte en Piscis, Nodo Sur en Virgo. Muy organizada. Sería la persona más feliz creando organigramas y mapas de trabajo/proyectos, pero entró a trabajar conmigo y le tocó ir a meditaciones, hacer ejercicios de *coaching*, practicarlos, aprender sobre las alineaciones para poder dirigir ciertos proyectos, etc. El trabajo que se hace dentro de la empresa tiene su energía Virgo de mucha organización que le debo a ella, pero también tiene mucho de creer en un proyecto que al inicio parecía una locura, un sueño, algo lo que sigue pasando cuando propongo que hagamos algo que no tiene referencia, al menos no en el mundo de la astrología. Todo esto la ha llevado a entrar en contacto con la energía Piscis, al igual que su matrimonio con un acuariano que tiene el Nodo Norte en Virgo y el Nodo Sur en Piscis, los nodos en posición invertida a como los tiene ella. Su relación con él ha sido totalmente "atrévete a creer y a soñar".

Todavía, hoy por hoy, Fran es Fran y es muy Sagitario-Virgo, pero la energía Piscis la rodea cada vez con más fuerza y cuando realiza alguna actividad Piscis y se deja llevar, ella fluye mejor. Hace poco empezó a entrar más en contacto con su intuición y a creer más en su voz del corazón y del alma. Aunque le ha costado, ha dejado de hacer listas todo el tiempo y a confiar en que las cosas caen en su lugar cuando uno hace el trabajo. Como todo organizador en recuperación (yo pasé por algo similar), uno siente un vacío cuando queda tiempo para situaciones espontáneas y es difícil soltar la "mirada de evaluación" de todo lo que está ocurriendo alrededor.

Con estas historias... ¿está claro ya de qué trata esta configuración nodal?

Estos nativos son personas que en sus vidas pasadas se encargaron de organizar, de hacer que las cosas funcionaran, de perfeccionar procesos, de estar a cargo de que otros cumplieran con lo acordado. También fueron los médicos que solo confiaban en la ciencia. Esto les lleva en esta vida a ser excelentes críticos, a cachar el más mínimo detalle, a ver lo que quizá otros que están más pendientes del gran esquema no pueden ver, pero por muy indispensable que es su aporte con estos dones que traen de sus vidas pasadas, estos nativos merecen en esta encarnación experimentar disfrute, magia, inspiración, dispersión, dibujo libre y sorpresa.

Para ayudarse en el camino, es importante que aprendan a relajarse y a reflexionar sobre los juicios críticos que imponen sobre sí y sobre otros como reflejo de sus vidas pasadas. Seguir en el modo "hay que resolverlo todo" les lleva también a vivir sintiéndose incompletos, sintiendo que nunca nada está perfecto (y nunca nada lo estará), lo que les genera mucha culpa. Su capacidad de discernimiento es impresionante, pero fácilmente pueden convertir su mente en una cárcel -Mercurio (mente) rige Virgo y rige ese Nodo Sur y este planeta-, cuando en esta vida pueden experimentar de primera mano el poder de la intuición, que es mucho más acertado.

Misión  de vida

Las personas con estos nodos son grandes gurús, músicos, artistas, sanadores y, ahora, médicos funcionales. Su misión de vida es ser puente para sí y para otros; traducir información del 1 % al 99 %, es decir, ayudar a las personas que solo ven este mundo tridimensional a creer en lo que está por debajo. Tienen la misión -y por eso su capacidad para enjuiciar y discernir- de explicarnos muy bien el espíritu de las cosas, casi con argumentos, para que las personas abran su mente, las dejen entrar en su corazón y así puedan encender su luz.

Lo que tienen a su favor es su disciplina. Lo que deben hacer con ella es llevarse adentro con rituales o prácticas hasta que desarrollen capacidades que sean el sello que comparten con el mundo.

Su misión de vida es tener compasión por sí mismos y por todos los seres vivientes, dejar de ver las diferencias y ver lo que nos une, percibir la energía, entrenarse en *energetics* (la pseudociencia [por ahora] que explica cómo manifestamos, cómo lo de adentro se traduce hacia afuera).

Explicarnos, por ejemplo, que un problema de dinero no es un problema de dinero, sino de valoración.

Otra cosa que tienen que entender es que al querer resolver las cosas con lo que saben HOY están limitando el potencial de la situación. Si mañana sabré más y haré mejor, ¿por qué preocuparme por resolver todo hoy? Para estos nativos es muy importante colaborar, abrirse a escuchar lo que otros proponen, apostar por cosas que no se han hecho antes y confiar un poco más en el universo. Su meta en esta vida es que poco a poco se vayan acercando a su cuerpo espiritual y permitan que los mensajes lleguen a ellos. Una vez que eso pase, el siguiente paso es trabajar el miedo a lo que ven o sienten y ayudarse a canalizarlo de manera que sea de ayuda para sí y para otros. Usualmente esto requiere un facilitador, pero la vida se los pone en frente sin mucho afán.

Por último, las personas con Nodo Sur en Virgo tienen que aprender a soltar la obsesión con los detalles, porque esta les impide ver el gran esquema y lanzarse a él. Esto es parte de su misión y lo pueden trabajar poco a poco, mientras van confiando cada vez más en sí mismos, en su maravillosa intuición y su capacidad para desechar viejas maneras de vivir, y la presión en el cuerpo físico que causa la ansiedad.

Lección kármica

El reto de estos nativos está en dejarse llevar, y no solo un fin de semana. Deben encontrar equilibrio entre su necesidad de organizar y su necesidad de disfrutar. Al dejar para después las vacaciones, el amor, su vida, la diversión, se crean mucho estrés y estados ansiosos que les hacen parar tarde o temprano. Les cuesta confiar en que otros se harán cargo y por eso, aunque se propongan delegar, parece que nadie está a la altura, así que tienen que soltar de golpe y confiar, llevarse a hacer correcciones solo cuando sea necesario. Dejar fluir es lo más difícil que pueden experimentar, y por eso situaciones en las que el ser humano no tiene todo el control pueden darles mucho miedo, como el momento del orgasmo, el parto, confiarle algo muy preciado a otro y hasta soñar, pues ahí no pueden controlar la narrativa.

Las grandes lecciones de su vida vendrán de rendirse después de tratar de controlar lo incontrolable, de aplicar un método y entender que no necesariamente este funcionó, de observar los "milagros" que ocurrieron cuando se dejaron llevar. Puede que tengan problemas en su lugar de trabajo, problemas físicos y de salud por ansiedad o enfermedades crónicas o autoinmunes. Estos son llamados a dejar el juicio y a que despierten y trabajen más la energía Piscis que la energía Virgo.

Por otro lado, las personas con el Nodo Sur en Virgo y el Nodo Norte en Piscis sufren de miedos creados que les ayudan a no tener que entregarse, abrirse y confiar en procesos. Por eso hay que entender qué es miedo Es la respuesta natural ante una situación de peligro.

Hay miedos que están justificados, como cuando te sientes en peligro, cuando sientes que algo está terminando, que algo está cambiando de manera drástica o que estás abriéndote a una situación que te pone vulnerable. Estos miedos asociados a cambios en la vida los vivimos todos, pero entiende que si no trabajas los miedos neuróticos, estos miedos justificados serán realmente difíciles de navegar y también nos alejan de vivir nuestro potencial y misión de vida. Igual, por más que queramos evadirlos, incluso aislándonos o no teniendo relaciones con otros, la crisis o enfermedad no se hace esperar porque hemos venido a evolucionar. Si ya has tenido un llamado de atención de la vida con una experiencia relacionada a miedos, pide ayuda a una persona capacitada para guiarte.

La culpa es otra de las maneras en las que no encaramos miedos. Sentimos culpa y evitamos tomar responsabilidad por lo que debemos. Sin tomar responsabilidad y quedándonos en la culpa estamos apagando nuestro poder personal y frenamos nuestro avance. Hay personas que pueden vivir toda su vida consumidas en estas energías, lo que deja muy poca para trabajar con su potencial creativo, inspiración y tomando riesgos o nuevas experiencias para compartir su luz con el mundo. Pregúntate qué tanto peso de culpa sientes por una o diversas cosas y de qué te previene la limitación que te autoimpones al sentirla.

Para estos nativos es fundamental empezar a notar sus miedos neuróticos, esto les dará una idea de la narrativa limitante dentro de ellos mismos, y cacharla es lo que les permite iniciar cambios.

Coaching Session
EJERCICIOS PARA CACHAR TUS MIEDOS

Haz una lista de cosas que te dan miedo, pero sin trampa. Ayúdame a ayudarte. No anotes lo que te da miedo en este momento. Mejor lleva un diario y anota día a día lo que te da miedo y notarás que hay cosas que no representan peligro alguno, pero que te dan miedo y continúan haciéndolo porque cumplen una función.

Por ejemplo:

+ "Me da miedo que el proyecto no esté listo a tiempo. Tengo que trabajar más horas". ¿Qué refuerza? La creencia de que no eres suficiente, que no tienes apoyo y que tienes que probarte. El exceso de trabajo te hace ganar admiración, creando una idea de quien eres atada a este miedo porque genera una recompensa.

+ "Me da miedo que la bebé se enferme si la llevo al kínder". ¿Qué refuerza? La creencia de que no deben separarse y te ayuda a no tener que reinventarte con el tiempo que quedará para ti.

Trabajando todo esto también es bueno que notes:

1. ¿De qué te previene el miedo? ¿Qué ganas si el miedo te detiene? Aparte de quedarte en lo conocido.

2. ¿De qué sientes que te protege ese miedo? ¿De verdad es una situación de la que debes ser protegido? ¿Quién más puede limitar su perspectiva por tu miedo? ¿Ese miedo lo heredaste de uno de tus padres?

Nota cuando el miedo es irracional. Puedes discutirlo con un especialista o pedir ayuda a las personas que pueden darte una mano y avanzar, llevar a la bebé al kínder y aceptar que si le da gripe o no es parte de su crecimiento y contacto con otros.

TIPS para RELACIONARTE mejor SI tienes ESTA CONFIGURACIÓN nodal

1. Mira el espíritu de las cosas (así les digo cuando quiero que vean el 99 % de lo que están viendo un 1 %). Entrénate a ver la energía en la manzana de la merienda, la energía de tus mascotas, a entender cómo estás vibrando en un momento determinado prestando atención a tu respiración. Más allá del problema en tu relación, ten la capacidad de ver tu miedo proyectado en la situación. Más allá del maltrato de tu amigo, entiende que así se trata internamente él/ella. Esto no es para justificar las cosas, sino para verlas a nivel de raíz y dejar de enjuiciar y reaccionar ante consecuencias.

2. No uses los detalles para esconderte. Imagina que estás escribiendo un libro y estás buscando un sinónimo de una palabra y eso te toma todo el día porque en verdad lo que ocurre es que te da miedo continuar explorando en el proceso. No te escondas en los detalles y tampoco en lo que parece urgente cuando ya sabes lo que es importante.

3. Incluye rituales a tu día a día. Los rituales son cosas que hacemos para inyectar lo extraordinario y divino en lo ordinario. Toma té a cierta hora del día y toma tiempo aparte para prepararlo, para servirlo, para tomártelo con calma mientras reflexionas sobre tu día. Meditar en las mañanas o en las noches. Escribir en tu diario. Baños de luna nueva, limpiar tu oficina con salvia. Tú escoges. Algo que te recomiendo aparte de los rituales, que puedes hacer tú, es asistir a ceremonias de cacao para abrir tu corazón. Ahora son muy populares, se hacen en grupos y son consideradas medicina de planta viva que te sana desde adentro.

4. Haz yoga, pilates o medita. Aprende a unir movimiento y respiración, luego súmale intención. Aunque te guste, bájale un poco a los entrenamientos desenfrenados que te mantienen pendiente de los resultados en tu cuerpo a nivel de ego.

5. Incluye cantos y mantras en tu práctica. Al hacerlo nuestra mente se calla y nuestra alma recuerda. Esto te ayudará a "limpiar tu mente", a darte una pausa y a elevar tu energía hacia el 99 %, el espíritu de las cosas.

6. Aprende a tocar un instrumento. Rodéate de animales. Ten mascota. Mantente en continuo contacto con la naturaleza. Esto saca lo mejor de la energía de tu Nodo Sur en Virgo y te ayuda a acercarte a la energía de tu Nodo Norte en Piscis. Al tocar un instrumento entra la energía Virgo de la práctica, de entender cómo funciona, pero el sonido o lo que sientes, es Piscis. Los animales son energía Virgo, pero el amor incondicional que nos dan es energía Piscis. La naturaleza no se obliga, siempre está a tiempo. No podemos obligar a un árbol a que dé frutos, lo hará en su momento si las condiciones están dadas. Eso es algo que tú tienes que aprender. Observa.

7. Recuerda que elevamos consciencia al cambiar de la mentalidad de "ver para creer" a "creer para ver". Es muy de tu Nodo Sur en Virgo ser analítico y proceder con las pruebas en la mano, después de evaluar cada detalle. Pero estamos cambiando de consciencia 3D, que solo cree en lo que ve, y estamos cada vez más seguros de que es lo que no se ve lo que produce lo que se aprecia con los cinco sentidos, la consciencia de creer para ver. Esta es una gran lección para ti, y de hecho encarnaste para ayudarnos a entenderlo.

8. Conecta con el 5D. Catalogas y organizas para hacerte la vida más fácil en 3D, pero también para tener más libertad, poder tener más energía y tiempo para conectar en 5D. Sí, en efecto: estamos encarnados y tenemos trabajo que hacer, horas que cumplir, mucho por organizar si queremos lograr lo que nos proponemos, pero si partes de 5D, te mantienes conectado con tus metas a través de la espiritualidad. Si evalúas las mismas no por un resultado para tu ego sino por la evolución que te traen, la presión será menor, la conexión mayor y te alinearás con metas que de verdad te nutren, con personas con las que de verdad conectas.

9. Deja de enjuiciar. El juicio y la moral son barómetros humanos. El juicio, decir que algo está bien o mal, es algo muy humano. En el 99 %, en lo espiritual, todo suma, nada es malo, o nadie es "malo", cada quien está tratando de cumplir con su misión. ¿Quién eres tú para decir que alguien es bueno o malo? A menos que estés de juez en un concurso, es algo que no le toca a nadie decidir.

10. Aprende a crear tiempo fuera del tiempo. Entras a trabajar a las 8:00 a. m. Terminas a las 5:00 p. m. A las 3:00 p. m. tienes la llamada en Skype con x persona del equipo. El proyecto hay que entregarlo el 20 de este mes. Sí, trabajamos con el tiempo, pero no tienes que estar sometido a él siempre. Hay momentos de tiempo-no tiempo que tú necesitas mucho. Momentos donde no estás pendiente del reloj, ratos en los que te entregas a un *hobbie*, a tus hijos, a cocinar o a lo que quieras. También debes aprender a perderle el miedo o dejar de rendir pleitesías al tiempo. A nivel emocional nadie puede decirte cuánto te tomará alinearte con tu misión o cuánto te tomará superar a un ex. El tiempo es una herramienta que usamos para cumplir con procesos, y es muy útil, pero no podemos creer que es un absoluto, así como lo que dice la mente tampoco es la absoluta verdad.

TIPS para RELACIONARTE con un nativo DE ESTA CONFIRGURACIÓN nodal

1. Mucha paciencia en las primeras citas. Estas serán como una entrevista de trabajo y, aunque el nativo de esta configuración nodal no te pregunte nada, está analizando todo. Por eso salidas al cine o al museo a ver algo que tenga energía Piscis es lo ideal.

2. Si ya estás en una relación con alguien que tiene esta configuración nodal, entiende que organizarte la vida es una manera de hacerte saber que le importas. Pero mejor será para ellos que tú te organices un poco más y que ellos no tengan que organizarte la vida a ti. Entiende: por mucho que te diga que detesta que dejes las medias tiradas, secretamente lo ama porque le da qué hacer. Al no tener qué hacer tendrá que realmente hacer el trabajo de su misión de vida: ver cómo maneja el tiempo para relajarse.

3. Habla con él/ella sobre sus tendencias a trabajar demasiado. Anímale a que disfrute más la vida. Seguramente por esto habrá peleas y solo te recuerdo que si tú estás peleando con él/ella por más tiempo libre, imagínate cómo lucha por dentro al saber qué quier, qué es importante, pero que no sabe cómo desconectarse. Ayúdale llevándole a meditar juntos, desconectándose los fines de semana. Pasen tiempo en la naturaleza, váyanse de viaje a lugares donde no hay señal.

4. Ten paciencia en la sexualidad. Las personas con estos nodos, que tienen más fuerte la energía masculina que femenina, tienden a ser muy físicos. Sin embargo, esto no equivale a lograr el clímax sexual con facilidad. Les cuesta dejarse llevar y cuando están enamorándose de alguien, les cuesta un poco más. Usualmente hay algo, una situación que les hace abrir los ojos y, de golpe, se abren y ahí sí se abrió la represa, el agua lo cubre todo y se entregan. El asunto es que aguantes a llegar a ese momento, que tengas paciencia con todas las pequeñas pruebas.

5. Secretamente aman a las personas artísticas, espirituales, sin plan, pero les da miedo estar con una o confiar a ciegas en una. Por eso, la mejor pareja para esta persona es una que tenga balance entre su vida espiritual, pero que también atienda sus deberes, sus proyectos, que sea buen ejemplo de que se pueden vivir las dos cosas y que de hecho funcionan muy bien. Si es tu caso, muéstrale que sí se puede.

6. Corrígele con amor cuando se critique a sí mismo. Si le cachas alguna vez diciendo "ahhh, qué tonto yo", tómale de las manos o llámale la atención con cariño y dile que no se hable así. Estas personas son sus peores críticos y tienen expectativas demasiado altas de sí mismos. Esto solo les hace esclavos y aún cuando logran una meta, les cuesta disfrutarla. Su pareja debe ser un espejo expansor de lo bueno que tienen para fortalecer sus virtudes, y así sobrellevar mejor las cosas que -como todos- hace falta cambiar.

7. Estas personas tienden a vivir su vida de proyecto en proyecto. No permitas que su relación también sea un proyecto o que tú seas un proyecto. Muchas veces no se dan cuenta de esto, pero empiezan con la misión de que este sábado hay que cambiarte las medias que usas, el próximo sábado que conozcas otro tipo de comida, y así. Páralos y tráeles a consciencia, al presente. Conózcanse, descúbranse, pero no estén juntos para arreglar defectos y, además, muchos defectos son cuestión de juicio y perspectiva, otra cosa que estos nativos tienen que trabajar.

8. Acompáñale en cualquiera que sea la práctica elegida para afianzar su fe. Tarde o temprano esta persona elige una práctica para aprender a confiar en lo que aún no ve, y si no elige una práctica, convertirse en madre o padre cambia su afán por control, sea por amor o frustración.

No tienes que ir con él/ella a misa todos los días o acompañarle todas las mañanas mientras saca una carta para ver la energía del día, pero sé parte, pregúntale cómo va, qué siente, qué ha descubierto.

9. Ayúdale a vivir una vida más consciente de su poder de creador: como pareja, al hacer planes hagan *vision boards* juntos, escriban sus metas, tengan un *bucket list* en Pinterest. Usar imágenes es importante. Compartan sus sueños y deja que él/ella cree planes o estrategias para empezar a hacerlos realidad.

10. Cuando ocurran cosas que no tenían previstas, y sobre todo cuando esas situaciones representen un gran cambio de estilo de vida como la muerte de alguien o un cambio en el trabajo, recuérdale que hay un plan más grande, que todo pasa por algo y que uno tiene que rendirse a entender que cuando lo que uno quiere no pasa, es porque algo mejor está por venir. Todo esto puede sonar cliché, pero una de las lecciones de estas personas es aceptar las cosas, dejar de controlarlas o cambiarlas y aprovechar, apreciar y agradecer lo que se presenta, logrando ver lo que hay detrás de ellas.

NOTA FINAL

Ya te lo he dicho en varias ocasiones: saber no es sentir, pero sentir sí es saber. Hay una parte del trabajo con nosotros mismos que podemos lograr entendiendo con la cabeza cómo operamos, cuáles son nuestros detonantes y traumas, pero eso no sana. La sanación verdadera viene de otro tipo de entendimiento, uno que no usa la cabeza, sino que proviene de una conexión con el espíritu y nuestro propósito más elevado. Es una comprensión que viene de vivir la experiencia, y para eso hay que incluir el cuerpo y aprender a escuchar la voz del corazón y del alma.

Por eso, ahora que has encontrado dónde tienes tus nodos del karma y has entendido lo que eso significa (de dónde vienes y para dónde vas espiritualmente hablando), lo mejor que puedes hacer es abrirte -¡y llevarte!- a vivir experiencias que tengan que ver con tu Nodo Norte, con tu misión de vida. Notarás que es incómodo a veces, porque te sacas de tu zona de confort, pero al mismo tiempo empezarás a sentirte más vivo/a. Nota que, aunque te cueste soltar tu Nodo Sur, tu cuerpo, tu corazón y tu alma te piden a gritos que lo hagas. No te resistas. Decide seguir el camino hacia tu Nodo Norte y verás cómo, poco a poco, te sentirás más ligero/a, más alineado/a, más en camino a casa.